भारत के आदिवासी लेखक

परिचय एवं अवदान

शृंखला के आगामी प्रकाशन

खण्ड दो	:	पूर्वी भारत	– पश्चिम बंगाल, उड़ीसा, झारखण्ड, बिहार
खण्ड तीन	:	दक्षिण भारत	– आन्ध्र प्रदेश, कर्नाटक, केरल, तमिलनाडु
खण्ड चार	:	पश्चिम भारत एवं मध्य भारत	– गुजरात, राजस्थान, महाराष्ट्र, गोवा, जम्मू-कश्मीर, मध्य प्रदेश एवं छत्तीसगढ़

रमणिका फाउंडेशन

रमणिका फाउंडेशन एक पूर्णतः धर्मनिरपेक्ष, गैर राजनीतिक तथा अव्यवसायिक संस्था है। यह वर्षों से आदिवासी, दलित, अल्पसंख्यक एवं स्त्री जैसे उपेक्षित और शोषित समुदायों के सशक्तिकरण के लिए कार्य करता रहा है।

फाउंडेशन आम आदमी के प्रयासों, संघर्षों, आशाओं और आकांक्षाओं को गति देने वाले एक परिवर्तनशील एवं शिष्ट समाज को विकसित करने के लिए प्रयासरत है, जो हाशिये पर धकेले गये लाखों लोगों को मानवीय अधिकार, सम्मान, स्वास्थ्य एवं शिक्षा सुनिश्चित कर सके।

संपादक परिचय

रमणिका गुप्ता इस समय रमणिका फाउंडेशन की अध्यक्ष तथा अखिल भारतीय आदिवासी साहित्यिक मंच की को-आर्डिनेटर हैं। आप बिहार विधान सभा तथा बिहार विधान परिषद् की सदस्य भी रह चुकी हैं। आप हिन्दी त्रैमासिक पत्रिका, **युद्धरत आम आदमी** का संपादन भी करती हैं।

श्रीमती गुप्ता हिन्दी की एक जानीमानी कवियित्री तथा उपन्यासकार हैं। आपके कई कविता संग्रह, कहानी संग्रह तथा उपन्यास प्रकाशित हो चुके हैं। आप डेमोक्रेटिक राइटर्स ऐसोसिएशन (बिहार-झारखण्ड) की सह-सचिव तथा नेशनल काउंसिल ऑफ डेमोक्रेटिक राइटर्स ऐसोसिएशन की सदस्य भी हैं। आपको सामाजिक एवं साहित्यिक कार्यों के लिए अनेक पुरस्कारों से सम्मानित किया जा चुका है।

भारत के आदिवासी लेखक

परिचय एवं अवदान

(भाग 1 : पूर्वोत्तर भारत)

संपादक

रमणिका गुप्ता

कॉनसेप्ट पब्लिशिंग कम्पनी, नई दिल्ली-110059

द्वारा

रमणिका फाउंडेशन के लिए प्रकाशित

ISBN: 81-8069-301-5 (श्रृंखला)
ISBN: 81-8069-302-3 (भाग 1)

प्रथम संस्करण 2006

प्रकाशक एवं मुद्रक
अशोक कुमार मित्तल
कनसैप्ट पब्लिशिंग कम्पनी
A/15-16 कमर्शियल ब्लाक, मोहन गार्डन
नई दिल्ली-110059
दूरभाष: 25351460, 25351794
फैक्स: 091-11-25357103
ई.मेल: publishing@conceptpub.com

अदेखे भारत की आदिवासी
कलम को समर्पित

परिचय

प्रस्तुत पुस्तक **'अदेखा भारत'** शृंखला की एक महत्त्वपूर्ण कड़ी है। इस बिबलियोग्राफी को प्रकाशित कर हम वस्तुतः उस धुंधलके को हटाने का प्रयास कर रहे हैं जिसने उत्तर-पूर्वी राज्यों और वहां के निवासियों को शेष भारत की दृष्टि से ओझल कर रखा है। इसे प्रकाशित कर के हम अपनी-अपनी मौलिक विशिष्टता वाले उत्तर-पूर्वी राज्यों और उनमें बसे समुदायों के बहुरंगी सांस्कृतिक परिदृश्य की एक झांकी पाठकों के समक्ष प्रस्तुत कर रहे हैं।

उत्तर-पूर्वी राज्यों के लेखकों को किसी एक पुस्तक में शामिल कर उन्हें समुचित सम्मान तथा मान्यता देने का यह प्रथम प्रयास है। यह एक ऐतिहासिक उपलब्धि है। इसके प्रकाशन से जहां लोग उत्तर-पूर्वी आदिवासी लेखकों के प्रभावशाली अवदान से लोग जहां परिचित हो पाएंगे, वहीं इससे भारतीय वाङ्मय, भाषा एवं संस्कृति भी समृद्ध होगी।

प्रस्तुत खंड में सम्मिलित लेखक भारत के आठ उत्तर-पूर्वी राज्यों और वहां की पन्द्रह से भी अधिक भाषाओं का प्रतिनिधित्व करते हैं। इस उत्तर-पूर्वी क्षेत्र में नानाविध संस्कृतियां सांस लेती हैं और इसका अपना एक समृद्ध भाषायी एवं सामाजिक इतिहास है। पर इसके साथ ही एक दुःखद सत्य यह भी है कि राष्ट्रीय संस्कृति की मुख्यधारा द्वारा इस क्षेत्र की उपेक्षा की गई है। यह उपेक्षा इतनी गहरी है कि यह समूचा प्रदेश शेष भारत के लिए अजनबी या अदेखे भारत-सा प्रतीत होता है। देश के दूसरे भागों की यात्रा के दौरान अनेक उत्तर-पूर्वी भारतीयों को इस तटस्थ अजनबी दृष्टि झेलनी पड़ती है। कभी-कभी तो कुछ लोग उनसे यह भी पूछ बैठते हैं कि–"क्या आप भारतीय है।" प्रस्तुत पुस्तक का उद्देश्य इस क्षेत्र के इतिहास तथा वर्तमान को उसकी पूरी संपन्नता के साथ प्रकाश में लाना है। हमें आशा है कि इस पुस्तक में सम्मिलित लेखकों तथा उनकी उपलब्धियों को एक साथ एक खंड में प्रस्तुत कर हम उत्तर-पूर्वी भारत के सृजनशील समुदायों और शेष भारतीय समाज जो दीर्घकाल से उत्तर-पूर्व के लोगों की साहित्यिक, भाषायी एवं सांस्कृतिक उपलब्धियों से अनभिज्ञ रहा है, के बीच बेहद जरूरी संवाद की

शुरुआत कर पाएंगे। उत्तर-पूर्व के साहित्यकारों को इस बिबलियोग्राफी के प्रकाशन से उन्हें वह एक्सपोज़र और राष्ट्रीय स्तर पर पहचान भी दिला पाएंगे जिससे वे अभीतक वंचित रहे हैं।

उत्तर-पूर्व की भाषाएं प्राचीन भाषाएं हैं किन्तु 18वीं तथा 19वीं शताब्दी के ईसाई मिशनरियों के इस क्षेत्र में आगमन तक उनका रूप मौखिक ही रहा है। सिक्किम की लेपचा भाषा संस्कृत से भी प्राचीन मानी जाती है। पर इस भाषा की अपनी लिपि 1841 ई. में रेवरेन्ड विलियम स्टार्ट द्वारा लेपचा भाषा एवं संस्कृति का स्कूल खोलने के बाद ही विकसित की जा सकी। एक रोचक लोककथा से हमें मालूम होता है। कि प्राचीन काल में एक चर्मपत्र पर लिखित लिपि मिजो लोगों को प्रेतात्माओं ने उपहार स्वरूप दी थी पर दुर्भाग्यवश एक कुत्ता इस चर्मपत्र को खा गया। परिणामस्वरूप मिजो लोगों को अपनी भाषा की लिपि हेतु तब तक लम्बी प्रतीक्षा करनी पड़ी, जब तक 1894 ई. में रेवरेन्ड डब्ल्यू सेविज तथा जे.एच. लौरेन्स ने शिकारियों द्वारा आपस में बातचीत के लिए प्रयुक्त की जाने वाली भाषा की स्वर ध्वनियों पर आधारित एक लिपि तैयार नहीं कर दी। मिजोरम में यह हंटरियन भाषा प्रणाली के रूप में जानी जाती है।

बोड़ो के एक महान विद्वान रामदास बोरो का मत है कि बोरो भाषा इतनी समृद्ध थी कि इसके कई पहलू भारतीय भाषाओं के स्रोत बन गए : यह तो एक प्रामाणिक तथ्य है कि बोरो लोग भारत के आर्यों से भी पहले आए थे।

बोड़ो भाषा की भी अपनी एक लिपि थी जो बोड़ो जाति के अहोम वंश के शासनकाल में लुप्त हो गई थी। **मधुराम बोरो ने बोड़ो राजाओं के शासन काल में देवधाय लिपि के प्रचलन में होने का उल्लेख किया है जो कि दीमापुर के शाही दरवाजे पर उत्कीर्ण है।** 1895 में रेवरेन्ड जे.डी. एंडरसन ने बोड़ो भाषा की एक नई लिपि के साथ-साथ उसका व्याकरण तैयार किया। खासी भाषा का लिखित रूप थॉमस जोन्स नामक एक वेल्शवासी के निर्देशन में 1810 से 1849 के बीच तैयार हुआ, जिसे खासी बुद्धिजीवी जीवन राय तथा राधोन सिंह बेरी ने संशोधित कर कूटबद्ध किया। विगत सौ-डेढ़ सौ वर्षों के साहित्य का विपुल भंडार रचने की उपलब्धि अत्यन्त प्रभावशाली है। मात्र पचास वर्षों की अवधि के बोड़ो भाषा में जिस बड़े परिणाम में साहित्य रचा गया, उसकी चर्चा करते हुए एक आदिवासी लेखक ने बोड़ो साहित्य को "सरपट दौड़ते घोड़े" की उपमा दी है। हालांकि उत्तर-पूर्वी भाषाओं का विकास समान रूप से नहीं हुआ है, फिर भी, कुछ भाषाओं में साहित्य जगत में दूसरी भाषाओं की अपेक्षा अधिक सफलता अर्जित की है। उदाहरणार्थ दो लेखिकाओं सहित कुल छह मिजो

साहित्यकार तथा बोड़ो, कार्बी एवं असम की अन्य जनजातियों के साहित्यकारों सहित कई असमिया साहित्यकार पद्मश्री पुरस्कार प्राप्त हैं। उल्लेखनीय बात यह है कि इन तमाम भाषाओं के लेखक अपनी-अपनी भाषा और संस्कृति के संरक्षण और उन्नयन को लेकर सजग और समर्पित है और इस लक्ष्य की प्राप्ति के लिए जी-जान से जुटे हैं।

उत्तर-पूर्व के आदिवासी लेखक केवल रचनाकार ही नहीं है, बल्कि वे भाषाविद्, सामाजिक एवं सांस्कृतिक एक्टिविस्ट भी है और अपनी भाषाओं को जीवित रखने के लिए एक लड़ाई लड़ रहे हैं। बिबलियोग्राफी के इस प्रथम खंड में शामिल लेखकों ने केवल रचनात्मक साहित्य लेखन ही नहीं किया है बल्कि अपनी क्षेत्रीय भाषाओं का व्याकरण भी तैयार किया है और लिखित राष्ट्रीय इतिहास की परिधि से बाहर छूट गए अपने समुदायों का इतिहास भी लिपिबद्ध किया है, जो प्रागैतिहासिक काल तक अपने अतीत की गवेषणा करते हैं ताकि वे अपने समाज, संस्कृति और भाषा की जड़ों को पहचान सकें। इन लेखकों ने बच्चों तथा व्यस्क विद्यार्थियों के लिए शैक्षिक पुस्तकें लिखी हैं तथा राष्ट्रीय एवं अन्तर्राष्ट्रीय महत्त्वपूर्ण साहित्यिक कृतियों का अपनी स्थानीय भाषाओं में अनुवाद भी किया है। बोड़ो लेखक-जन बिना किसी सरकारी सहायता के, विशेष रूप से क्लासिक विश्व साहित्य यथा शेक्सपीयर, टैगोर की कालजयी रचनाओं एवं हिन्दू महाकाव्यों को बोड़ो भाषा में अनूदित कर, अपनी भाषा को असम के कुछ भागों में प्राथमिक तथा सेकंडरी स्कूलों में शिक्षा के लिए समर्थ माध्यम के रूप में प्रस्तुत करने में सफल हुए हैं। प्रस्तुत बिबलियोग्राफी में शामिल लेखकों और उनकी कृतियों का सरसरी जायज़ा भी ले तो स्वतन्त्रता प्राप्ति और उत्तर-पूर्वी राज्यों के गठन के बाद के मात्र साठ सालों में इन आदिवासी लेखकों की अद्भुत साहित्यिक एवं भाषायी उपलब्धियां, हमें चमत्कृत कर देने को काफी हैं।

इस खंड में प्रस्तुत नब्बे से भी अधिक लेखकों से सम्बद्ध प्रत्येक प्रविष्टि व्यक्तिगत जानकारी और प्रकाशित कृतियों की नीरस सूची मात्र नहीं है। प्रत्येक प्रविष्टि लेखक की संस्कृति, भाषा एवं अपने समुदाय की अस्मिता के संरक्षण तथा विकास हेतु साहित्य के विविध प्रयोगों के दरीचे खोलती है।

अपनी हर संभव कोशिश के बावजूद हम यह दावा नहीं कर सकते कि इस खंड में उत्तर-पूर्व के सभी लेखको को जगह दे दी है। संपर्क सुविधाओं के अभाव, भौगोलिक दूरी तथा एक बड़े भू-भाग में इन लेखकों के फैले होने और उनकी बड़ी संख्या होने के कारण हमें कई मुश्किलों का सामना करना पड़ा। हमने इसके दूसरे

तथा अपेक्षाकृत संपूर्ण खंड की योजना हमने पहले से ही बनाई हुई है। फिर भी प्रस्तुत पुस्तक भारतीय संस्कृति के रूचि संपन्न सुधि पाठकों एवं विद्यार्थियों के लिए उत्तर-पूर्वी लेखकों के व्यापक समूह की खोजयात्रा का पहला पड़ाव सिद्ध होगी। भारतीय साहित्य एवं संस्कृति का कोई भी पर्चावलोकन इन लेखकों को शामिल किए बिना अधूरा ही कहा जाएगा।

तीन वर्ष पहले जब मैंने उत्तर-पूर्वी लेखकों पर केन्द्रित इस बिबलियोग्राफी को तैयार करने में और प्रकाशित करने का निश्चय किया तो इसके लिए आवश्यक श्रम और उद्योग का परिमाण हमारे सामने एक चुनौती बनकर प्रस्तुत हुआ। सबसे बड़ा काम था, पूर्वोत्तर के राज्यों के लेखकों के बारे में सूचनाएं जुटाना। मिजोरम से डॉ. एल.टी.लियाना खियाङते और दरछौना, मेघालय से बिजोया सावियां और असम से मंगल सिंह हाजोवारी ने इसमें हमारी बड़ी सहायता की। उन्होंने लेखकों के पते और उनसे सम्बद्ध सामग्री हमें उपलब्ध कराई। मैं इन सभी की आभारी हूं। डॉ. एल.टी. लियाना खियाङते, दरछौना (मिजो) तथा बिजोया सावियां (खासी), मंगल सिंह हाजोवारी (बोड़ो) एवं थेस्सो क्रॉपी (कार्बी) ने लेखकों के नाम हिन्दी में सही रूप से लिखने में बड़ी मेहनत की। 'कृतिका' रांची के श्रीप्रकाश जी ने मेरे लिए इन लेखकों से संपर्क करना संभव बनाया। उन्होंने ई-मेल तथा टेलिफोन द्वारा तथा जरुरत पड़ने पर कई जगह स्वयं जाकर इस पुस्तक के लिए लेखकों से संबद्ध जरूरी सूचनाएं एकत्र कीं, इसके लिए मैं उन्हें धन्यवाद देती हूं।

जैसे ही जरूरी सूचना तथा सम्बद्ध सामग्री हमारे पास आने लगीं असल समस्या उन्हें बिबलियोग्राफी के अनुकूल रूप देने की थी। मैं इस सम्बन्ध में श्री अक़ील क़ैस का हार्दिक आभार व्यक्त करती हूं जिन्होंने इस मोर्चे को सफलतापूर्वक संभालकर मेरी बड़ी मदद की। प्रस्तुत बिबलियोग्राफी तैयार करने का पूरा श्रेय उन्हीं को है। अंग्रेजी में लगभग सभी लेखकों के राइट-अप्स तो उन्होंने लिखे ही, उनका हिंदी अनुवाद करने में भी उन्होंने मेरी मदद की। अतिशयोक्ति नहीं होगी यदि मैं कहूं कि उनकी मदद के बिना इस पुस्तक को तैयार करना सम्भव नहीं होता। अमेरिका की सुश्री जिंजर इस परियोजना के बीच में शामिल हुईं और उन्होंने बिबलियोग्राफी में जरूरी संशोधन किए। भारत से उनकी वापसी के बाद उनका स्थान अमेरिका वासी सुश्री लॉरा ब्रुक ने लिया। लॉरा ब्रुक सम्प्रति हिन्दी दलित लेखकों पर शोध कार्य कर रही हैं। उन्होंने इस पुस्तक को पाठकों के व्यापक वर्ग के लिए एक स्वीकार्य रूप देने में महत्त्वपूर्ण भूमिका निभाई। सुश्री जिंजर तथा सुश्री लॉरा ब्रुक दोनों के प्रति उनके सहयोग के लिए मैं हार्दिक धन्यवाद देती हूं।

मैं सर्वश्री दिनेश, राकेश, रामकरेश सिंह तथा अन्य की शुक्रगुजार हूं। जिन्होंने धैर्य पूर्वक कई महीने तक लगातार प्रस्तुत बिबलियोग्राफी को कम्पोज करने में बड़ी लगन और मेहनत दिखाई। मैं श्री हरेप्रकाश उपाध्याय का भी विशेष आभार व्यक्त करना चाहती हूं जिन्होंने इस पुस्तक का प्रूफ देखने और अन्तिम चरण में सम्पादन कार्य में मेरी मदद की।

भारत के आदिवासी लेखकों पर केन्द्रित बिबलियोग्राफी की एक पूरी श्रृंखला ही प्रकाशित करने की हमारी योजना है। यह पुस्तक इस श्रृंखला का पहला खंड है। इसके प्रकाशित होने के बाद हम इसे परिवर्द्धित रूप में पुनः प्रस्तुत करना चाहते हैं। बाद के खंड क्रमवार पूर्वी राज्यों यथा उड़ीसा, झारखंड, पश्चिम बंगाल और बिहार, दक्षिणी राज्यों यथा तमिलनाडु, आंध्र प्रदेश, कर्नाटक, केरल तथा पश्चिमी राज्यों यथा–महाराष्ट्र, गुजरात, गोआ और राजस्थान, मध्य भारत के राज्यों यथा मध्य प्रदेश तथा छत्तीसगढ़ एवं शेष राज्यों यथा–उत्तरांचल, हिमाचल प्रदेश, जम्मू-कश्मीर, पंजाब एवं दिल्ली पर केन्द्रित होंगे। आदिवासी जन तो पूरे देश में ही उपेक्षा के शिकार हैं, पर उत्तर-पूर्वी राज्यों के आदिवासियों की उपेक्षा सबसे अधिक की गई है। यही कारण है कि प्रथम खंड हमने उनपर ही केन्द्रित किया है। यह खेदजनक है कि संपर्क सुविधा के अभाव के कारण हम सिक्किम के लेपचा व भोटिया लेखकों को इसमें शामिल नहीं कर पाए हैं, हालांकि पश्चिम बंगाल के लेपचा लेखकों को सम्मिलित करने में हम सफल हुए हैं।

इस पुस्तक को सुधी पाठकों, विद्यार्थियों और शोधार्थियों के हाथों में सौंपते हुए मुझे अत्यंत प्रसन्नता हो रही है। इस संबंध में हमें आपके सुझावों की प्रतीक्षा रहेगी ताकि इस खंड के परिवर्द्धित रूप में तथा बाद के खंडों को एक बेहतर ढंग से प्रस्तुत किया जा सके।

रमणिका गुप्ता

अनुक्रम

अरुणाचल प्रदेश

भाषा : आदी/आपातानी/असमिया

असम

भाषा : बोरो/गारो/कार्बी/राभा/संताली/तीवा

नागालैंड

टेनिडिए भाषा

त्रिपुरा

कोकबोरोक भाषा

सिक्किम के लेखक जो पश्चिम बंगाल में रहते हैं

लेपचा एवं नेपाली भाषा

अरुणाचल प्रदेश

भाषा : आदी/आपातानी/असमिया

बानी दंग्गेन

परिचय

बानी दंग्गेन का जन्म अरुणाचल प्रदेश के अपर सियांग जिले के पल्लिंग गांव में हुआ। बचपन में ही उन्हें ए.एल. सी. लोड कैरियर का काम करना पड़ा। पर चूंकि कम उम्र के कारण बोझ ढोना उनसे हो नहीं पाता था इसलिए उन्हें ए.एल.सी. में बाबुओं का खाना तैयार करने का काम दिया गया। एक वर्ष बाद उन्हें डाक कुन्नेर नियुक्त कर दिया गया।

1963 ई. में उनके **छात्र राजनीतिक जीवन** की शुरुआत तब हुई जब वे आदी ब्रांच स्टूडेन्ट्स यूनियन के सचिव बने। 1964 में गुवाहाटी में आयोजित अखिल उत्तर-पूर्व छात्र सम्मेलन में तत्काल-प्रस्तुत भाषण प्रतियोगिता में उन्होंने प्रथम पुरस्कार प्राप्त किया। छात्र जीवन के बाद अपनी राजनीतिक यात्रा का आरंभ उन्होंने जिला कांग्रेस कमेटी के सदस्य के रूप में किया। 1977 के चुनाव में श्रीबाकिन पर्टिन पीपुल्स पार्टी ऑफ अरुणाचल प्रदेश अर्थात पी.पी.ए. से जुड़े और उसी वर्ष उसके जिला उपाध्यक्ष चुने गए। वे जनतादल की राज्य इकाई के उपाध्यक्ष 1993 में बने। उसी साल वे शिक्षक प्रकोष्ठ के अध्यक्ष भी बने। 1995 में अरुणाचल विकास परिषद में शामिल हुए।

शिक्षा

दंग्गेन ने शिक्षा पहले करको इंटर-कालेज स्कूल में पाई। 1957 में उन्होंने पनी खोवा बैप्टिस्ट मिशन स्कूल में दाखिला ले लिया। डेढ़ वर्ष में ही उन्हें पांचवीं कक्षा में प्रोन्नत कर दिया गया। 1959 में उनका प्रवेश डुमडुमा हाई स्कूल में हुआ पर 1960 में अरुणाचल प्रदेश के पश्चिमी सियांग जिले के अलोंग हाई स्कूल में चले आए। तत्कालीन नेफा [N.E.F.A., (जो अब अरुणाचल प्रदेश में है)] में मैट्रिक की परीक्षा में उन्होंने द्वितीय स्थान प्राप्त किया, जिसके लिए उन्हें एडवाइजर्स प्राइज दिया गया। हायर सेकंडरी करने के बाद उनकी पढ़ाई पासीघाट कालेज तथा दिल्ली विश्वविद्यालय के सेंट स्टीफंस कालेज में हुई। 1965 में पासीघाट स्थित जे.एन. कालेज में आयोजित कालेज सप्ताह में उन्होंने सभी नौ साहित्यिक पुरस्कार जीते थे। जापान में उन्होंने ऑरेंज नर्सिंग का प्रशिक्षण भी प्राप्त किया।

अवदान

दंग्गेन जनजातीय मामलों के प्रख्यात विशेषज्ञ हैं। उन्होंने कई स्थानों की यात्रा की है। वे मुख्य रूप से लेखन तथा सामाजिक कार्यों से जुड़े रहे हैं। उनकी दो पुस्तकें हैं– **केबांग** तथा **द बुक ऑव कनवरसेशन**। **केबांग** आदी समाज के एक विलक्षण देशज राजनीतिक संस्था के तीन पहलुओं का अध्ययन प्रस्तुत करती है। इसमें उन्होंने **केबांग** प्रणाली की ऐतिहासिक तथा पौराणिक पृष्ठभूमि, उसके वर्तमान रूप और **आदीसमाज** की उच्चतम राजनीतिक संस्था **बोगुन-बोकांग** का जायजा लिया है।

प्रकाशित कृतियां

केबांग–2003, **द बुक ऑफ कन्वरसेशन**–2003.

संपर्क

बानी दंग्गेन
गेगी शापिंग काम्पलेक्स
तिनाली, इटानगर : 110024
दूरभाष : 0360-2291910

ममंग देइ

परिचय

ममंग देइ का जन्म 23 फरवरी, 1957 को अरुणाचल प्रदेश के पासिघाट, पूर्वी सियांग जिले में हुआ। उनके पिता मतिन देइ रिटायर्ड मुख्य सचिव हैं और उनकी माता ओडि देइ हैं। ममंग देइ 1979 में आई.ए.एस./आई.एफ.एस. के लिए चुनी गयी लेकिन उन्होंने पत्रकारिता के लिए नौकरी छोड़ दी। वे वर्ल्ड वाईल्ड फंड ऑफ नेचर, ईटानगर कार्यालय की कार्यक्रम अधिकारी, राज्य में उसकी स्थापना के प्रारम्भिक वर्षों में ही चुनी गईं। उसी रूप में उन्होंने बॉयो-डाईवर्सिटी हॉटस्पॉट्स कन्जरवेशन के कार्यक्रम के फील्ड में शोध, सर्वे तथा पूर्वी हिमालय के फ्लोरा और फौना की रक्षा हेतु कार्य किया। वे दोनाई पोलो मिशन जो एक स्वेच्छिक संस्था है, की सलाहकार (संस्कृति और प्रचार) भी नियुक्त हुईं। इस नाते उन्होंने ईटानगर के कई मूक-बधिर स्कूलों के अनेक कार्यक्रमों में भाग लिया।

शिक्षा

ममंग देइ की स्कूली शिक्षा शिलांग (मेघालय) के पाइन माउंट नामक बोर्डिंग स्कूल में हुई। उन्होंने गौहाटी विश्वविद्यालय, असम से अंग्रेजी साहित्य में बी.ए. किया।

अवदान

ममंग देइ कवयित्री, कहानीकार और पत्रकार हैं। उनकी दो कविता पुस्तकें तथा अरुणाचल प्रदेश पर एक गद्य पुस्तक प्रकाशित हुई है। वे कहती हैं–"**जैसा कि मुझे याद है, मैं शुरू से ही कविताएं, कहानियां, लेख अक्सर स्कूल में और घर पर लिखती थी। जब मेरे पिता रिमोट आउटपोस्ट में कार्यरत थे तब मैं खासकर स्कूल की छुट्टियों में सभी पुस्तकों को पढ़ती थी। अब भी मैं पत्रिकाएं और नोट बुक साथ में रखती हूं।**"

वे अरुणाचल प्रदेश की मान्यता प्राप्त पत्रकार हैं। वे सेंटिनल और टेलीग्राफ नामक समाचारपत्रों में बतौर रिर्पोटर 1992 से जुड़ी हुई हैं और फिलहाल दी **स्टेट्समैन कोलकाता** के लिए **ओपन फोरम** तथा **दी टेलिग्राफ** गुवाहाटी के लिए **गेस्ट कॉलम** लिखती हैं। वे आल इंडिया रेडियो और दूरदर्शन (ईटानगर) से भी संबद्ध

हैं। अरुणाचल प्रदेश में जब दूरदर्शन (डीडी) 1996 में शुरू हुआ, तभी से उसके लिए वे समाचार और साक्षात्कार कवरेज का काम कर रही हैं।

सम्प्रति वे अरुणाचल प्रदेश यूनियन ऑफ वर्किंग जर्नलिस्ट की अध्यक्ष हैं तथा प्रेस क्लब ईटानगर की सचिव रह चुकी हैं। वे सिक्किम समेत पूर्वोत्तर के राज्यों के कवियों, लेखकों और आलोचकों का प्रतिनिधित्व करने वाले संगठन नार्थ ईस्ट राइटर फॉरम की उपाध्यक्ष हैं, जो पूर्वोत्तर के साहित्य के विकास के लिए प्रतिबद्ध है।

राज्य का पहला **वार्षिक वेरियर एलविन प्राइज** (प्रकाशन और प्रिन्ट मीडिया के क्षेत्र में) उनकी पुस्तक **अरुणाचल प्रदेश–दी हिडन लैंड** को दिया गया है।

प्रकाशित कृतियां

अरुणाचल प्रदेश–दी हिडन लैंड, रिवर पोएम्स, माउंटेन हार्वेस्ट–दी फूड ऑफ अरुणाचल प्रदेश।

सम्पर्क

ममंग देइ
गुटेह गमरोह, सी-सेक्टर, ईटानगर,
पिन : 791111, (अरुणाचल प्रदेश)
दूरभाष : 91-0360-2212694

एन.एन. ओसिक

परिचय

एन.एन. ओसिक का जन्म अरुणाचल प्रदेश के अपर सियांग जिले के पडुगांव में 28 अप्रैल, 1961 को हुआ। वे अबोर ट्राइब के सदस्य हैं। स्नातकोत्तर करने के बाद 1983-84 से स्कूल शिक्षक के रूप में उन्होंने काम किया। इसके पश्चात वे जिला अनुसंधान अधिकारी के रूप में नियुक्त हुए। 1985 में अरुणाचल प्रदेश सिविल सेवा में वे अतिरिक्त सहायक आयुक्त नियुक्त हुए। आजकल वे अरुणाचल प्रदेश सरकार में सिविल सप्लाइज़ में निदेशक हैं।

शिक्षा

ओसिक की प्राथमिक शिक्षा उनके अपने गांव पडु स्थित स्कूल में हुई। 1977 में उन्होंने गवर्नमेंट हायर सेकेंडरी स्कूल मियोब से मैट्रिक की परीक्षा पास की। स्नातक की शिक्षा के लिए उन्होंने सेन्ट एडमन्ड्स कॉलेज, शिलांग में दाखिला लिया और 1981 में इतिहास में ऑनर्स की डिग्री प्राप्त की। 1983 में उन्होंने नार्थ-ईस्ट हिल्स यूनिवर्सिटी, शिलांग से स्नातकोतर की पढ़ाई पूरी की। बाद में अरुणाचल प्रदेश सरकार में विभिन्न पदों पर काम करते हुए डिब्रूगढ़ विश्वविद्यालय से उन्होंने पीएच.डी. की।

अवदान

ओसिक ने किशोर उम्र में ही लेखन शुरू कर दिया था। **दीपक** नामक असमिया पत्रिका में उनकी पहली कविता **विदाई प्रार्थना** प्रकाशित हुई। उन्होंने विभिन्न पत्रिकाओं में निबन्ध एवं कहानियां भी लिखीं। **मिथ्स, लिजेन्ड्स, एंड फॉकटेल्स ऑफ अरुणाचल प्रदेश** (2002) उनकी उल्लेखनीय कृति है। इसके अतिरिक्त उन्होंने **अरुणाचल प्रदेश का इतिहास** तथा इस राज्य के गीत, नृत्य एवं पवित्र स्थानों के विषय में एक पुस्तक लिखी है।

प्रकाशित कृतियां

साँग एंड डान्सिज ऑफ अरुणाचल प्रदेश (कला एवं संस्कृति निदेशालय,

नहरलगुन)—2002, **मिथ्स, लिजेन्ड्स, एंड फॉकटेल्स ऑफ अरुणाचल प्रदेश** (कला एवं संस्कृति निदेशालय, नहरलगुन)—2002, **निबो-रोबो** (अरुणाचल प्रदेश के अबोतानी समुदाय से सम्बद्ध मिथक) (कला एवं संस्कृति निदेशालय, नहरलगुन)—2002, **होली प्लेसिज ऑफ अरुणाचल प्रदेश** (कला एवं संस्कृति निदेशालय, नहरलगुन)—2002, **मॉडर्न हिस्ट्री ऑफ अरुणाचल प्रदेश** (हिमालयन पब्लिशर्स, नई दिल्ली/इटानगर)—2000, **ए ब्रीफ हिस्ट्री ऑफ अरुणाचल प्रदेश** (ओमसन्स पब्लिकेशन्स, नई दिल्ली)—1993, **ब्रिटिश रिलेशन्स विद आदिज** (ओमसन्स पब्लिकेशन्स, नई दिल्ली)—1991।

ताखे क़ानी

परिचय

ताखे क़ानी का जन्म अरुणाचल प्रदेश के एक जनजाति परिवार में 12 अप्रैल, 1964 को हुआ था। वे एक निबन्ध लेखक हैं, और उन्होंने मुख्यतः मानव विज्ञान संबंधी विषयों पर शोध पत्र लिखे हैं। उन्होंने कई लोककथाओं को संकलित भी किया है। क़ानी वर्तमान में राजकीय सेवा में कार्यरत हैं।

शिक्षा

ताखे क़ानी स्नातक हैं।

अवदान

एक निबन्ध लेखक के रूप में उनका समुचित योगदान रहा है। उनका लेखन हमें अरुणाचल प्रदेश के आपातानी जनजातीय समुदाय के लगभग सभी पहलुओं में झांकने का अवसर प्रदान करता है—यथा सामाजिक व धार्मिक समारोह एवं अनुष्ठान, त्योहार, पौराणिक सामाजिक रिवाज एवं विधि, इतिहास, कला एवं शिल्प। इसके अतिरिक्त क़ानी ने आपातानी व्याकरण पर एक पुस्तक लिखी है और एक **अंग्रेजी-आपातानी शब्दकोश** भी तैयार किया है। लगभग एक दर्जन से अधिक पुस्तकों के लेखक क़ानी के कई लेख आदि अरुणाचल प्रदेश के विभिन्न पत्र-पत्रिकाओं में छपते रहे हैं, तथापि उनके कई निबन्ध आदि अभी भी पुस्तक के रूप में प्रकाशित होने शेष हैं।

इन पुस्तकों के अतिरिक्त सेमिनारों तथा पत्र-पत्रिकाओं में उन्होंने 100 से भी अधिक शोधपत्र प्रस्तुत किए हैं।

प्रकाशित कृतियां

करन्ट अफैयर्स ऑफ नॉर्थ-ईस्ट इंडिया—2002, **जेनरल स्टडीज ऑन नॉर्थ-ईस्ट इंडिया विद स्पेशल रेफरेंस टू अरुणाचल प्रदेश**—2001, **हैंड बुक ऑफ नॉर्थ-ईस्ट इंडिया इनक्लूडिंग सिक्किम**—1999, **आपातानी-जेनेसिस ऑफ मैन** —1997, **सोसियो-रिलीजस सेरेमनीज ऑफ द आपातानी**—1996, **एग्रीकल्चरल फेस्टीवल ऑफ अरूणाचल**

प्रदेश—1995, **अंग्रेजी-आपातानी शब्दकोश**—1995, **चरुंग हुलूः अ रिचुअल टेक्स्ट ऑफ द आपातानी**-1994, **द एडवांसिंग आपातानी ऑफ अरुणाचल प्रदेश**—1993, **जी.के. ऑन फैक्ट फीगर्स ऑफ नॉर्थ-ईस्ट स्टेट**—1989, **आपातानी व्याकरण**—1924।

संपर्क

ताखे क़ानी
रिसर्च ऑफीसर,
इकानोमिक अफेयर्स, डेवलपिंग ऑफ फाइनेंस,
गोकस्कू सीवीटी. ऑफ अरुणाचल प्रदेश
42, ईटानगर, पापंपेयर
पिन : 791111 (अरुणाचल प्रदेश)
दूरभाष : 0368-2212070

तगंग ताकी

परिचय

तगंग ताकी का जन्म 10 फरवरी, 1942 को अरुणाचल प्रदेश के एक छोटे से गांव में हुआ। वे राजनीतिक एक्टिविस्ट तथा सामाजिक कार्यकर्ता हैं।

शिक्षा

ताकी ने गौहाटी विश्वविद्यालय असम से इतिहास में एम.ए. किया है।

अवदान

ताकी ने अंग्रेजी के अतिरिक्त आदी भाषा में कई पुस्तकें लिखी हैं। उन्होंने असमिया तथा आदी भाषा में कई उपन्यास, नाटक तथा कविताएं भी लिखी हैं, जो अभी अप्रकाशित हैं। आजकल वे **अंग्रेजी-आदी शब्दकोश** संकलित कर रहे हैं।

प्रकाशित कृतियां

निबो अरु रोबोर साधू (असमिया भाषा में एक आदी प्राचीन कथा)—1998, **आदी-इंग्लिश वर्ड बुक**—1998, **बोर्डर एमे** (आदी नाटक आदी तथा असमिया भाषा में)—1965, **आदी साधू** (आदी लोककथाएं-असमियां में)—1964, **अपील टू द नेफा स्टूडेन्ट्स**—1959, **आदी असमीज़ वर्ड बुक**—1959.

संपर्क

तगंग ताकी
पोस्ट : पंगिन,
जिला : पूर्वी सियांग : 791102
(अरुणालचल प्रदेश)
दूरभाष : 03793-2222335

येशे दोर्जी थोंगची

परिचय

येशे दोर्जी थोंगची का जन्म मई, 1952 में अरुणाचल प्रदेश के एक दूर-दराज के जनजातीय गांव 'ज़िगंग' में हुआ। वे शेरदुकपेन जनजाति के हैं जिनकी आबादी चार हजार के आसपास है। उनके पिता का नाम फुन्टसो थौंगची था तथा उनकी मां का नाम रिनचिन चोजोम था। येशे जब पांच साल के थे तभी उनके पिता का देहांत हो गया था। नतीजतन उन्हें तथा उनके सात भाई-बहनों को गरीबी के दिन देखने पड़े। शिक्षा पूरी करने के बाद वे अरुणाचल प्रदेश सिविल सेवा में शामिल हुए। बाद में प्रोन्नति पाकर वे भारतीय प्रशासनिक सेवा में आ गए।

शिक्षा

थोंगची की पढ़ाई राजकीय प्राथमिक विद्यालय, जिगांव में शुरू हुई। बाद में उन्होंने अपनी शिक्षा राजकीय हायर सेकन्डरी स्कूल, बोमडिला, कॉटन कॉलेज, गुवाहाटी और अंततः गौहाटी विश्वविद्यालय में पूरी की। वे कला में स्नातकोत्तर हैं। घोर विपन्नता भरे जीवन के बावजूद अपनी शिक्षा पूरी करने का श्रेय वे अरुणाचल प्रदेश में प्रचलित निःशुल्क शिक्षा व्यवस्था को देते हैं।

अवदान एवं पुरस्कार

थोंगची गद्य लेखक हैं और असमिया तथा अंग्रेजी में उपन्यास, नाटक तथा निबंध लिखते हैं। **सोनम** (१९८१), **लिंगझिक** (१९८२), तथा **मौन औध कुखर हृदय** (2001) उनके तीन प्रकाशित उपन्यास हैं। **सोनम** हिमालय क्षेत्र की ब्रोकपास नामक घुमंतू गड़रिया जनजाति की जीवन शैली पर आधारित है। इस जनजाति में **बहुपति प्रथा** प्रचलित है। **लिंगझिक** उपन्यास उनकी अपनी जनजाति के जीवन अनुभवों की कहानी कहता है। थौंगची की अन्य महत्वपूर्ण कृतियों में 1972 में प्रकाशित **कमंग हितांतर हडू** नामक लोककथा संग्रह तथा 2000 में प्रकाशित **पापेर पुखुरी** नामक कहानी संग्रह है। उनकी कहानियां हिन्दी में अनूदित हो चुकी हैं। थोंगची कहते हैं कि– **लुम्मेर दाय के बाद अरुणाचल प्रदेश में रचनात्मक लेखन के क्षेत्र में शून्य की स्थिति व्याप्त है। इसका कारण अरुणाचल प्रदेश की युवापीढ़ी के हिन्दी लेखकों तथा साहित्यिक पत्रिकाओं के सम्पादकों द्वारा कोई संरक्षण नहीं दिया**

जाना है। उनके अनुसार—**अरुणाचल प्रदेश में ऐसा इस तथ्य के बावजूद हुआ कि हिन्दी यहां स्कूलों में पढ़ाई जाती है और अब असमिया को हटाकर जनसामान्य की भाषा बन गई है। इस प्रदेश की लगभग नब्बे क्षेत्रीय बोलियां बोलने वाली तीस जनजातियों की कोई आम संपर्क भाषा नहीं है।**

उन्हें 1970 में **हरिहर चौधरी सम्मान** तथा 2000 में असम साहित्य सभा द्वारा प्रदत्त **विष्णु रवा सम्मान** प्राप्त हो चुका है। इनके अतिरिक्त वे गोलाघाट साहित्य सभा से **फूलचंद खंडेलवाल संघेति बटा** सम्मान से भी अलंकृत हैं।

प्रकाशित कृतियां

मौन औध कुखर हृदय (उपन्यास)—2001, **पापेर पुखुरी** (कहानी संग्रह)—2001, **लिंगझिक** (उपन्यास)—1982, **सोनम** (उपन्यास)—1981, **कामेंग हिमांतर हडु** (लोककथा)—1972.

संपर्क

येशे दोर्जी थोंगची
सचिवालय, ईटानगर,
(अरुणाचल प्रदेश)
दूरभाष : 0360-2211799 (आवास)

असम

भाषा : बोरो/गारो/कार्बी/राभा/संताली/तीवा

अनिल कुमार बोरो

परिचय

अनिल कुमार बोरो का जन्म 9 दिसम्बर, 1961 को असम की बोड़ो जनजाति में हुआ। सम्प्रति वे गौहाटी विश्वविद्यालय के फोकलोर शोध विभाग में शिक्षण एवं शोध कर रहे हैं। वे पूर्वोत्तर राज्यों के अखिल भारतीय आदिवासी साहित्य मंच क्षेत्रीय कमेटी के संयोजक और राष्ट्रीय स्तर पर इसके केन्द्रीय कार्यकारिणी के सदस्य भी हैं।

शिक्षा

अनिल कुमार बोरो ने अंग्रेजी में गौहाटी विश्वविद्यालय से एम.ए. किया। उन्होंने बोड़ो लोकसाहित्य में पीएच.डी. की है।

अवदान

अनिल बोरो, बोरो कवि, आलोचक एवं उपन्यासकार हैं। वे बोरो, असमिया तथा अंग्रेजी भाषा में लेखन करते हैं।

प्रकाशित कृतियां

फॉक लिट्रेचर ऑफ द बोडोज (ऐन इन्ट्रोडक्शन), **आधुनिक बोरो साहित्य** (असमिया में), **दो काव्य संग्रह, बोड़ो पर दो आलोचनात्मक आलेखों के संकलन**।

संपर्क

अनिल कुमार बोरो
गुवाहाटी
पोस्ट : बशिष्ठ,
जिला : कामरूप, पिन : 781029 (असम)
दूरभाष : 0361-2300327 (घर)

भूपेन नर्जारी

परिचय

भूपेन नर्जारी का जन्म गांव दहलापारा, जिला बङाइगाँव, असम में 1 अगस्त, 1960 को बोड़ो जनजाति में हुआ। वे गौहाटी विश्वविद्यालय असम के नवभारतीय भाषा विभाग (बाड़ो) में लेक्चरार के रूप में कार्यरत हैं। उन्होंने दो बार अंतर्राष्ट्रीय स्तर के, चार बार राष्ट्रीय स्तर के, तथा राज्य में आयोजित क्षेत्रीय स्तर के बीस सेमिनारों में भाग लिया है। इसके अतिरिक्त उन्होंने सी.आई.एल., मैसूर, साहित्य अकादेमी, एनबीटी तथा एबीआईएलएसी, गुवाहाटी द्वारा आयोजित लगभग 15 कार्यशालाओं में भाग लिया है।

वे गौहाटी विश्वविद्यालय के स्नातक एवं स्नातकोत्तर स्तर के पाठ्यक्रम तैयार करने वाली समिति के सदस्य हैं। साथ ही वे डिब्रूगढ़ विश्वविद्यालय, असम हायर सेकंडरी काउंसिल तथा एस.ई.बी.ए. गुवाहाटी, असम में भी पाठ्यक्रम निर्धारण समिति के सदस्य हैं। कुछ समय के लिए बिजनी कालेज में वे लेक्चरर रहे। 30 मार्च, 1988 से गौहाटी विश्वविद्यालय के आधुनिक भारतीय भाषा विभाग में कार्यरत हैं।

शिक्षा

उनकी प्राथमिक शिक्षा उनके गांव के स्कूल में हुई। बाद में बिजनी नगर में स्थित बिजनी बांधव हाई स्कूल में उन्होंने दाखिला लिया और वहां से 1976 में मैट्रिक किया। फिर उन्होंने बिजनी कालेज, बिजनी नगर में प्रवेश लिया और वहां से 1981 में बी.ए. (आनर्स) किया। 1983 में उन्होंने गौहाटी यूनिवर्सिटी से बोड़ो साहित्य में एम.ए. किया।

अवदान

नर्जारी बोड़ो भाषा के कवि, उपन्यासकार, कहानीकार और निबंध लेखक हैं। वे बोड़ो, असमिया और अंग्रेजी में लिखते हैं। उन्होंने नौ पुस्तकें लिखी हैं। उनके 50 से भी अधिक शोधपरक लेख प्रकाशित हो चुके हैं। उनके 100 से भी अधिक आलेख असमिया, बोड़ो, बांग्ला और अंग्रेजी की विभिन्न पत्र-पत्रिकाओं में प्रकाशित हो चुके हैं।

राष्ट्रीय शिक्षा नीति के दिशानिर्देशों के अनुसार एस.सी.ई.आर.टी., असम तथा सर्व शिक्षा अभजान मिशन (असम) द्वारा आयोजित पाठ्यक्रम तैयार करने से संबद्ध कार्यशाला में उन्होंने सक्रिय रूप से भाग लिया है।

प्रकाशित कृतियां

सुंद सलानि माला (संपादित)–2003, **लाइसिनि बिखायाव इन्द्रमालती**–2003, **रंगिना-संगिना थुनलाइ** (संपादित)–2003, **गोदान**–2003, **मिरि सिख्ला** (सम्पादित)–2002, **जिवनि लामायाव** (सम्पादित)–2002, **मिथिंगानि आइजो शकुन्तला**–2002, **खरदेनि जिव**–2002, **सुजुनाय बिजाब** (सम्पादित) –1997, **मानसि जाग्रा मोसा**–1997, **नर्सरी राइम्स** (बोड़ो भाषा में)–1995, **बैसागोनि रादाब** (कविता)–1995, **आंनि मोजां मोन्नायानि दायरी**–1995, **महाराजा अशोक** –1994.

संपर्क

भूपेन नर्जारी (सीनियर लेक्चरार),
एम. आई. एल. विभाग, गौहाटी यूनिवर्सिटी,
गुवाहाटी : 781014 (असम)
दूरभाष : 0361-2572429

ब्रजेन्द्र कुमार ब्रह्म

परिचय

ब्रजेन्द्र कुमार ब्रह्म का जन्म 1 जून 1943 को कोकराझार जिले के बाटाबारी गांव में हुआ। उनके पिता दन्दा राम ब्रह्म किसान थे जबकि मां एन्दाब ब्रह्म गृहिणी थीं। उन्होंने 1970 से 2001 तक बनरगांव हाई स्कूल में प्रधानाध्यापक के पद पर काम किया। अब वे कोकराझार नगर पालिका बोर्ड के अंतर्गत बागानसाली ग्राम में रहते हैं। 1968 में शिक्षा पूरी करने के बाद वे कई संगठनों से जुड़े रहे हैं।

शिक्षा

ब्रह्म ने शक्ति आश्रम वोकेशनल हाई स्कूल से 1959 में मैट्रिक पास किया। संत एडमंड्स कॉलेज, शिलांग से उन्होंने स्नातक तथा सन् 1977 में उन्होंने गवर्नमेन्ट बी.टी. कॉलेज, गोआलपारा से बी.टी. कोर्स किया।

अवदान

हाई स्कूल की पढ़ाई के दौरान ही ब्रह्म की साहित्यिक अभिरुचि विकसित हुई। उनका पहला कविता-संग्रह **अंखां गंसे नांगौ** 1975 में छपा। उसके बाद से उनकी छह अन्य पुस्तकें प्रकाशित हो चुकी हैं जिनमें से तीन आलोचनात्मक तथा तीन कविता से संबंधित पुस्तकें हैं। इसके अतिरिक्त कई लेख तथा कविताएं पुस्तक के रूप में प्रकाशनाधीन हैं।

ब्रह्म विभिन्न बोड़ो साहित्यिक संगठनों से सम्बद्ध हैं और फिलहाल तीन वर्षों की अवधि के लिए बोड़ो साहित्य सभा का अध्यक्ष पद संभाल रहे हैं। इसके अतिरिक्त वे बोड़ो साहित्य सभा तथा बोड़ो राइटर्ज अकैडमी में महत्त्वपूर्ण पदों पर भी कार्यरत रहे हैं। वे बोड़ो साहित्य सभा के प्रकाशन संस्थान द बोड़ो के संपादक मंडल के 1993 से 1995 तक अध्यक्ष रहे हैं और इसी साहित्य सभा की पुरस्कार चयन उपसमिति के 1996 से 2002 तक अध्यक्ष भी रह चुके हैं।

प्रकाशित कृतियां

अखां गांसे नांगौ (कविता संग्रह)–1975-2003, **आं फैफिनगोन**

(कविता-संग्रह)—1994-2003, **सान मखाङारी बिबार जानानै** (कविता संग्रह)—1994-2003, **थुनलाइ आरो सानस्रि** (आलोचना)—1986-2000, **नेजेर आरो सानस्रि** (आलोचना)—1994, **रायथाइ माला** (आलोचना)—1992।

संपर्क

ब्रजेन्द्र कुमार ब्रह्म
7/62 बागानसालि, डब्ल्यू/7,
पोस्ट एवं जिला : कोकराझार-783370 (असम)
दूरभाष : 03661-275513

चरण नर्जारी

परिचय

चरण नर्जारी का जन्म 28 मई, 1933 को असम के कोकराझार जिले में हातिमाथा नामक स्थान में एक किसान परिवार में हुआ। उनके पिता खगेन्द्र नर्जारी थे तथा उनकी माता थीं गणेश्वरी नर्जारी। सम्प्रति राजनीति के अतिरिक्त वे स्वतंत्र लेखन कार्य भी कर रहे हैं।

शिक्षा

चरण नर्जारी ने गौहाटी विश्वविद्यालय से एम.ए., एलएल.बी. किया।

अवदान

चरण नर्जारी राजनीति में काफी सक्रिय हैं। प्लेन्ज़ ट्राइबल काउन्सिल ऑफ असम की 1997 में स्थापना का श्रेय उनको जाता है। वे उसके फाउंडर जेनरल सेक्रेटरी थे। वे कई बार असम विधान सभा के सदस्य चुने जाने के अतिरिक्त 1977 से 1979 तक लोकसभा सदस्य भी रहे। बोड़ो, असमिया तथा अंग्रेजी में उनके आलेख विभिन्न पत्र-पत्रिकाओं में प्रकाशित हुए हैं।

प्रकाशित कृतियां

इनके आलेख असम की कई पत्र-पत्रिकाओं व अखबारों में प्रकाशित होते रहे हैं।

संपर्क

चरण नर्जारी
8/49 हातीमाथा,
पोस्ट : कोकराझार
जिला : कोकराझार : 783370 (असम)
दूरभाष : 03661-270401

जतिन कुमार ब्रह्म

परिचय

जतिन कुमार ब्रह्म का जन्म 21 मार्च, 1971 को असम के कोकराझार जिले के टिपकाई नामक स्थान के निकट एक गांव दैनुगिरी में हुआ था। उनके पिता सुरेन्द्र ब्रह्म बहुत निर्धन थे, इस कारण उनका बचपन कठिनाइयों में गुजरा। अभी उन्होंने मैट्रिक पास भी नहीं किया था कि ऑल बोरो स्टूडेन्ट्स यूनियन (ए.बी.एस.यू.) के नेतृत्व वाला बोड़ो लैंड मूवमेंट (बोड़ो भूमि आन्दोलन) आरम्भ हो गया और जतिन इस आन्दोलन में कूद पड़े। वे पूरे छह वर्ष तक इस आन्दोलन में लगे रहे। अन्ततः यह आन्दोलन स्थगित हो गया। उसके बाद वे एम.ई. स्कूल में अध्यापक बन गये और अब वे इसी स्कूल में प्रधानाध्यापक भी हैं।

शिक्षा

जतिन की प्रारंभिक शिक्षा उनके गांव में ही हुई पर उच्च माध्यमिक व हाई स्कूल शिक्षा के लिये उन्हें निकटवर्ती गांव टिपकाई जाना पड़ा, जहां वे कालीचरण एम. ई. स्कूल व हाई स्कूल में पढ़े।

अवदान

जतिन कुमार ब्रह्म एक कवि व कहानी लेखक हैं। उन्होंने हाईस्कूल के समय से ही कविता लिखना प्रारंभ कर दिया था। पर अभी तक उनका कोई संकलन प्रकाशित नहीं हो पाया है। वे बोड़ो और अंग्रेजी भाषाओं में लेखन करते हैं।

प्रकाशित कृतियां

असम की विभिन्न पत्र-पत्रिकाओं में इनकी कविताएं व कहानियां छपती रही हैं।

संपर्क

जतिन कुमार ब्रह्म
गांव : दईमूगुरी
पोस्ट : टिपकाई
जिला : कोकराझार : 783337 (असम)
दूरभाष : 03669-220694 (गोसाईंगांव)

कमल कुमार ब्रह्म

परिचय

कमल कुमार ब्रह्म का जन्म 30 जुलाई, 1929 को कोकराझार जिले के धाउलिगुरी गांव में अपने मामा के घर हुआ। उनका बचपन अपने पितृगृह गांव भवानी पुर जिला बंगाई गांव में बीता। इनके पिता पद्मश्री मादाराम ब्रह्म थे। उनकी माता का नाम रुपेश्वरी ब्रह्म था। वे एक उत्कृष्ट शिक्षाविद्, बुद्धिजीवी, वक्ता एवं शिक्षक के रूप में वे जाने जाते हैं। सन् 1955 में उच्चशिक्षा की प्राप्ति के दौरान ही वे कोकराझार हाईस्कूल में शिक्षक नियुक्त हुए। उसी साल कोकराझार के ही बांदोगुरी गांव के परमेश्वर ब्रह्म की पुत्री मिलापबती ब्रह्म से उनका विवाह हुआ। अपने दीर्घकालीक दाम्पत्त्य जीवन में वे सात सन्तानों के पिता बने। कमल कुमार ब्रह्म ने साहित्य सृजन के अतिरिक्त शैक्षिक, सामाजिक तथा सांस्कृतिक क्षेत्रों में प्रचुर योगदान किया है। कोकराझार हाईस्कूल तथा कोकराझार कॉलेज के शिक्षक रहने के अलावा कोराझार बेसिक ट्रेनिंग के प्रिंसिपल का दायित्व भी उन्होंने सफलतापूर्वक वहन किया।

शिक्षा

कमल कुमार ब्रह्म की प्रारम्भिक शिक्षा बंगाई गांव में हुई। स्नातक तथा स्नाकोत्तर परिक्षाएं उन्होंने गौहाटी विश्वविद्यालय से क्रमशः सन् 1958 और सन् 1963 में उत्तीर्ण की।

अवदान

साहित्य सृजन के क्षेत्र में कमल कुमार ब्रह्म अपने छात्र जीवन में ही सक्रिय हो गए थे। असमिया और बोड़ो भाषाओं में उनका साहित्यिक योगदान अमूल्य है। वे बोड़ो भाषा के प्रमुख नाटककार, कवि और प्रबन्ध काव्य लेखक हैं। इसके अतिरिक्त बोड़ो संस्कृति के क्षेत्र विशेषकर नाटक और सिनेमा के विकास में उनका बहुत अवदान है। बोड़ो भाषा की **डायना** 1984 तथा **जिउनि सिमा** 1987 फिल्में उनकी ही प्रतिभा का प्रतिफल हैं। कमल कुमार ब्रह्म अपने आप को मूलतः नाटककार के रूप में ही देखते हैं। निःसंदेह ही वह एक महान् नाटककार हैं। उनके सृजन की मुख्य चिंता है बोड़ो जातीय संस्कृति। **राजा इरागदाओ** नाटक की

भूमिका में वे कहते हैं—**बोड़ो (कछारी) राज्य के क्रमशः बिखराव और पारस्परिक द्वेषभाव के चलते शत्रुओं की तिकडम और षड्यन्त्र से उसके विध्वस्त होने की दुर्भाग्यपूर्ण बातों को सोचकर मैं कभी-कभी अत्याधिक दुःखित हो उटता हूं। मिमांसिमा** नाटक की प्रस्तावना में भी वे बोड़ो जाति की नई पीढ़ियों में तेजी से बढ़ रही विस्थापन एवं पलायन की प्रवृत्ति के प्रति चिंतित दिखाई देते हैं।

1963 से 1975 तक वे बोड़ो टेक्स्ट बुक प्रोडेक्शन कमिटी के सचिव रहे। उन्होंने बोड़ों भाषा, साहित्य संस्कृति एवं शिक्षा के क्षेत्रों में असम टेक्स्ट बुक प्रोडेक्शन एंड पब्लिकेशन बोर्ड के एकेडमिक अफसर का दायित्व भी दो सालों तक निभाया। सन् 1982 ई. से 1994 ई. तक बोड़ो फिल्म सोसायटी तथा सन् 1990 से 1993 तक बोड़ो साहित्य सभा के अध्यक्ष पद रहते हुए भी उन्होंने बोड़ों साहित्य एवं संस्कृति की अपूर्व सेवा की।

सन् 1997 में अपने नाटक **हरबादि खोमसि** के लिए उन्हें **बोड़ो साहित्य सभा रांसार** पुरस्कार से सम्मानित किया गया।

प्रकाशित कृतियां

अमरनि मेथाय (कविता)—2000, **जिउनि सिमां** (सामाजिक नाटक)—1986, **हरबादि खोमसि** (सामाजिक नाटक)—1968, **मान्दारनि मोदै** (नाटक)—1967, **मिंमांनि सिमां** (नाटक)—1964, **गोरोन्थिउनाव** (नाटक)—1964, **राजा इरागदाउ** (ऐतिहासिक नाटक)—1962, **गोदान फैसालि** (नाटक)—1957, **गोरोन्थि** (नाटक)—1954-55, **दुलाली** (असमिया कविता)—1954।

संपर्क

कमल कुमार ब्रह्म
वार्ड नं. 7, आर. एन. बी. रोड
कोकराझार, बी.टी.सी., पिन : 783370 (असम)
फोन : 03661-270712

कामेश्वर ब्रह्म

परिचय

कामेश्वर ब्रह्म का जन्म असम के जिला कोकराझार के सबडिवीजन गोसाईगांव के अन्तर्गत गांव भुमका में 1 सितम्बर, 1940 को हुआ। वे बोड़ो भाषा के एक प्रसिद्ध कथा एवं निबंध-लेखक हैं। उनके पिता गोविन्द ब्रह्म थे तथा जग ब्रह्म उनकी माता थीं। कामेश्वर ब्रह्म ने जब धुबरी जिला में रूपशी जे.एन अकादेमी में 1963 में एक स्नातक शिक्षक का पद संभाला, तभी से वे शिक्षा के पेशे से जुड़े हैं। उन्होंने 1972 तक धुबरी गर्ल्स कॉलेज में अंशकालिक लेक्चरर के रूप में भी पढ़ाया है। बाद में उन्होंने गोसाईगांव कॉलेज में इतिहास विभाग के अध्यक्ष के रूप में योगदान किया। सन् 1985 में असम सरकार ने उन्हें असम के सणितपुर जिला का डी.ई.ई.ओ. नियुक्त किया। वे 1985 से गोसाईगांव कॉलेज के प्राचार्य भी रहे।

शिक्षा

ब्रह्म ने अपने गांव के प्राथमिक स्कूल में अपनी आरंभिक शिक्षा प्राप्त की। उच्च शिक्षा के लिए उन्हें कोकराझार जाना पड़ा जहां उन्होंने कोकराझार गवर्नमेंट एच.एस. स्कूल में एच.एस.एल.सी. की परीक्षा पास की। उन्होंने कोकराझार कॉलेज से प्री यूनिवर्सिटी और कला में स्नातक की डिग्री प्राप्त की। 1968 में उन्होंने गौहाटी यूनिवर्सिटी से इतिहास में एम.ए. किया और उसी यूनिवर्सिटी से पीएच.डी. भी की। उनके शोध का विषय था—**बोड़ो जनजाति के सामाजिक-धार्मिक विश्वास एवं आस्थाएं तथा उनके अनुष्ठान एवं पर्वों का अध्ययन (कोकराझार जिले के बोड़ो समुदाय के विशेष संदर्भ में)**।

अवदान

कामेश्वर ब्रह्म बोड़ो भाषा के एक जाने-माने कथाकार एवं निबंध लेखक हैं। ब्रह्म बोडो, असमिया तथा अंग्रेजी भाषा में लिखते हैं। वे पत्रकार भी रह चुके हैं। उनकी प्रकाशित कृतियों में इतिहास, आत्मकथा, संस्कृति एवं सामाजिक विषयों पर रचित पुस्तकें हैं। उन्होंने बच्चों के लिए बोड़ो भाषा में कहानियां, पौराणिक एवं

मिथक कथाएं भी लिखी हैं। **मिथ ऑफ द बोडोज शॉर्ट स्टोरीज** (दो खंडों में बोड़ो भाषा में कहानियां) प्रकाशनाधीन हैं।

उन्होंने कई अन्तर्राष्ट्रीय एवं राष्ट्रीय सेमिनारों एवं कार्यशालाओं का आयोजन किया, जिसमें उन्होंने कई विषयों पर परचे भी पढ़े। उन परचों में–**पूर्वोत्तर में लोकसाहित्य के अध्ययन का महत्तव एवं समस्याएं एवं असम के मैदानी जनजातीय समाज में स्त्री का स्थान : परंपराएँ एवं परिवर्तन**, आदि विषय भी हैं। सहकारिता आंदोलन में भी उनका बहुत योगदान है।

वे साहित्य सभा की गोसाईगांव की इकाई के अध्यक्ष भी हैं।

वे नार्थ-ईस्ट काउँसिल ऑफ सोशल साइन्स रिसर्च, शिलांग के 1982 से सदस्य हैं और 1991 से गौहाटी यूनिवर्सिटी के रिसर्च गाइड हैं।

उन्हें 1996 में RIFACIMENTO इण्टरनेशनल नई दिल्ली से भारत का **श्रेष्ठ नागरिक** का अवार्ड भी दिया गया है।

प्रकाशित कृतियां

ए स्टडी इन कल्चरल हेरीटेज ऑफ द बोडोज़–1999, **रायथाइ बिदां** (निबंध संग्रह)–1994, **लाइफ एंड वर्कस ऑफ श्रीमोत कालीचरण ब्रह्म**–1992, **एस्पेक्ट ऑफ सोशल कस्टम्स ऑफ बोडोज**–1989, **बरोनि हारीमु** (बोड़ो भाषा में बोड़ो जनजाति की संस्कृति पर)–1986, **गुरुदेव श्रीमोत कालीचरण ब्रह्म** (बोड़ो भाषा में आत्मकथा)–1986, **गोसाईंगांव सहरर समु इतिबृत्त** (असमिया भाषा में)–1983, **भारत जारिमिन** (बोड़ो भाषा में भारतीय इतिहास)–1974।

संपर्क

कामेश्वर ब्रह्म
वार्ड/नं.-4, गोसाईंगांव टाउन,
पोस्ट : गोसाईगांव, जिला : कोकराझार, पिन : 783360, (असम)
दूरभाष : 03669-220330

मधुराम बोरो

परिचय

मधुराम बोरो का जन्म 1 नवम्बर, 1938 को हाजो के निकट हुआ। वे हाजो हायर सेकंडरी स्कूल समेत कई अन्य स्कूलों में शिक्षण का कार्य कर चुके थे। उन्होंने रामदिया एच.ई. स्कूल में सहायक शिक्षक के पद पर कार्य किया औरं बाद में हाजो हायर सेकन्डरी स्कूल तथा ए. के. इन्स्टीट्यूट, उत्तरी गुवाहाटी को भी अपनी सेवाएं दी। वे कचरी महल हाई स्कूल, मधुकुची (रंगिया) में प्रधानाध्यापक के पद पर भी कार्यरत रहे। उन्होंने 1975 में भाषा विज्ञान के व्याख्याता के रूप में गौहाटी विश्वविद्यालय में योगदान किया। वे नवंबर 1998 में सेवानिवृत्त हुए। असम सरकार द्वारा प्रदत्त साहित्यकार पेंशन प्राप्त मधुराम बोरो ग्रामीण क्षेत्र हाजो में स्थायी रूप से बस गए हैं जहां वे अपने मकान में लगे पुराने मॉडल के प्रिंटिंग प्रेस से पुस्तकें छापने में अपनी आय का बड़ा हिस्सा खर्च कर देते हैं। सादा जीवन के कायल मधुराम कई सामाजिक संगठनों से संबद्ध है।

शिक्षा

मधुराम बोरो ने 1955 में मैट्रिक तथा 1959 में गौहाटी विश्वविद्यालय से स्नातक किया। उन्होंने 1965 में भाषा विज्ञान में स्नातकोत्तर डिग्री पुणे विश्वविद्यालय से प्राप्त की। उत्तर गुवाहाटी के एक विद्यालय में अध्यापन कार्य करते हुए उन्होंने गुवाहाटी विश्वविद्यालय से संस्कृत में स्नातकोत्तर परीक्षा पास की थी। परीक्षाफल से संतुष्ट नहीं होने के कारण उन्होंने परीक्षा परिणाम वापस कर दिया था। उत्तर-पूर्व क्षेत्र से भाषा शास्त्र में वे सबसे पहले स्नातक थे।

अवदान

मधुराम बोरो बोड़ो भाषा के अग्रणी साहित्यकारों में हैं। साहित्य की सभी विधाओं– निबंध, कविता तथा कहानियों में मधुराम बोरो ने निरंतर लेखन किया है। उन्होंने विशेष रूप से बोड़ो भाषा के व्याकरण की किताबें भी लिखीं। उनकी बोड़ो भाषा में लिखित अधिकांश पुस्तकें प्राथमिक स्तर से स्नातकोत्तर स्तर की कक्षाओं के लिए टेक्स्ट बुक के रूप में स्वीकृत हैं। उनकी लगभग बीस पुस्तकें

पाठ्य पुस्तकों के रूप में पढ़ाई जाती हैं जिनमें एक समाज विज्ञान तथा एक आशु-पठन (रैपिड रीडिंग) से संबद्ध है। सत्तर से भी अधिक पुस्तकों के लेखक बोरो भाषा तथा साहित्य के विभिन्न क्षेत्रों में महत्तम योगदान करने वालों में से हैं। उन्होंने अंग्रेजी तथा असमिया में भी लेखन किया है। उन्होंने बोड़ो भाषा में शिक्षण क्षेत्र में विपुल कार्य किया है। उन्होंने बोड़ो जनजाति एवं संस्कृति की लोककथाओं का संकलन भी किया है।

बोरो को कई पुरस्कार प्राप्त हो चुके हैं जिनमें दादरा/दमदमा आंचलिक/हाजो साहित्य सभा हाजो, कामरूप द्वारा **आदर्श शिक्षक/साहित्यकार/कलाकार** (संगीत गायन) का पुरस्कार, हाजो आंचलिक पुरस्कार संघ द्वारा शताब्दी का साहित्यकार/शिक्षाविद् पुरस्कार 2001 में, बासुगांव द्वारा **फेलिस्टेशन इन गोल्डन, जुबली सेलिब्रेशन बोडो साहित्य सभा सम्मान** 2002 में , 2002 में ही असम सरकार द्वारा साहित्यिक पैंशन दी गई तथा साहित्य अकादमी द्वारा **साहित्य अकादमी भाषा सम्मान** 2002 भी मिला।

वे विभिन्न संस्थाओं से जुड़े रहे हैं, जिनमें **बोड़ो साहित्य सभा स्टेट लैंग्विज इम्प्लिमेंटेशन कमिटी,** एडमिनिस्ट्रेटिव टर्मिनोलॉजी कमेटी, असम पब्लिकेशन बोर्ड असम टेक्स्ट बुक प्रोडक्शन एंड कार्पोरेशन, टेक्सट बुक प्रोडक्शन, एस.सी.ई.आर. टी. असम, डीपीईपी उल्लेखनीय हैं। वे असम राज्य सरकार के शिक्षा विभाग के सलाहकार बोर्ड के सदस्य भी हैं।

प्रकाशित कृतियां

आबौनि गामी (बोड़ो भाषा का उपन्यास), **मुगानी थान्दै** (नाटक), **मुंख्लंनो हंगमा** (काव्य), **आजि आमी केन बाते** (असमिया भाषा में कहानियां), **गऽमऽठाव सोलो** (बोड़ो कहानियां), **गुबुन हादरनि सोलो** (बोड़ो कहानियां), **जोहोलाव जावलिया देवान** (बोड़ो भाषा में दंत कथाएं)।

लोक साहित्य

बोड़ो लोक साहित्य (खण्ड-I) **बोडो लोक साहित्य** (खण्ड-II) **बोड़ो लोक साहित्य** (खण्ड-III) **बोरो सोलो बाथा** (बोड़ो भाषा), **बोरो साधुकथा** (असमिया), हारिमु आरो **बोरो हारिमु** (बोड़ो भाषा), **सिफुं गुंगां** (बोड़ो भाषा)।

बाल साहित्य

शिशुग्राम (दादी के बच्चे का गांव-असमिया)।

जीवनवृत्त

बिप्लबी बीर विष्णु प्रसाद राभा (असमिया), **डॉ. भीमराव राम जी अम्बेडकर** (असमिया तथा बोड़ो), **मैक्सिम गोरकी** (असमिया), **जोहोलाव बिष्णु प्रसाद राभा** (बोरो), **डॉ. भीम राव रामजी आम्बेदकार** (बोरो), **मैक्सिम गोरकी** (बोरो में), **गोरबोनी लोमाखौ नेफीनहोरनाजो** (बोरो में)।

भाषा और भाषा विज्ञान

बोरो भाषा में

गेजरे रावखान्थी (स्कूल स्तर की बोडो व्याकरण), **गोदान रावखान्थी** (उच्चतर माध्यमिक स्तर की बोडो व्याकरण), **राव अरो हन्साय** (हाई स्कूल, कालेज तथा यूनिवर्सिटी स्तर का व्याकरण एवं निबंध) **गोदान रावखान्थी** (कालेज तथा यूनिवर्सिटी स्तर का बोड़ो व्याकरण), **जारिमीन्नी गेजरेजों बोरो राव** (बोड़ो भाषा का इतिहास)।

असमिया भाषा में

बोरो भाषार गोठोन, (बोड़ो भाषा प्रशिक्षण विधि) **तिब्बत बोर्मी भाषा गोष्ठी** (भाषाओं का तिब्बती बर्मी परिवार)

अंग्रेजी में

हिस्टोरिकल डेवलपमेंट आफ बोरो लैंग्विज, द बोरो स्ट्रक्चर (एम.ए. भाषा विज्ञान के लिए), **द असमीज स्ट्रक्चर** (एम.ए. भाषा विज्ञान के लिए), **असमीज एंड बोरो : अ कंपेयरेटिव एंड कंस्ट्रक्टिव स्टडी** (हाई तथा हायर सेकंडरी स्कूल कोर्स के अंग्रेजी के द्वितीय पत्र की पाठ्य पुस्तक)-**१९८७**

आलोचना पर पुस्तकें

अंग्रेजी में

द हिस्ट्री आफ बोरो लिट्रेचर (बोरो भाषा में एम. ए .के लिए), **जारिमीन्नी नज़राव** (सम्पादन एवं शब्द संयोजन)

बोरो में

थुन्लाई आरऽ **बोरो थुन्लाई** (साहित्य और बोरो साहित्य), **बोरो थुन्लाईनी सावरीथायारी जारिमीन** (बोरो साहित्य का आलोचनात्मक इतिहास), **बोरो रायथाईनी लू** (बोरो गद्य साहित्य की आलोचना), **बोरो खोन्थायनी लू** (बोरो पद्य साहित्य की आलोचना)।

संपादित पुस्तकें

जारिमीन्नी गेजेरजोंग बोरो थुन्लाई (बोरो साहित्य का इतिहास), **बोरो-अंग्रेजी-हिन्दी शब्दकोश** (बी.एस.एस.सी.आई.आई.एल. मैसूर), **बोरो सहित बहुभाषीय शब्दकोश** (नूतन साहित्य परिषद्), **बोरो सहित बहुभाषिक शब्दकोश** (सी.आई.आई.आई., मैसूर)।

दूसरी महत्तवपूर्ण पुस्तकें

हिस्ट्री ऑफ बोरो लिटरेचर (अंग्रेजी में), **हिस्टोरिकल डेवेलपमेंट ऑफ बोरो लेंग्वेज, बोरो लोक साहित्य, हारिमु आरो बोरो हारिमु, थुन्लाइ आरो बोरो थुन्लाइ, बोरो थुन्लाइ सावरीथायारी जारिमीन, राव आरो रोन्साई।**

अप्रकाशित पुस्तकें : बोरो-बोरो-अंग्रेजी शब्दकोश (गुवाहाटी : एन.एल प्रकाशन)।

पत्रकारिता और संपादकीय कार्य : संवाद साप्ताहिक (बहुभाषीय साप्ताहिक समाचार पत्र, असमिया, अंग्रेजी, बोरो और अन्य आदिवासी भाषाओं सहित), **अरोमर जनजाति** (बहुभाषीय पत्रिका), **असमिया गनपत** (समाचार पत्र)।

संपर्क

मधुराम बोरो
गांव़पोस्ट : हाजो
जिला : कामरूप (असम)
द्वारा : हरेश्वर दास,
संपादक, असोमिया गनमत, लाशित नगर, गुवाहाटी : 7
दूरभाष : 0361-2460435, फैक्स : 0361-2460437
वेब साइट : www.ganamat.com
ई-मेल : ganamat2003@yahoo.co.in

मादा राम बोरो

परिचय

मादा राम ब्रह्म का जन्म असम के अविभाजित गोआलपारा जिले के गुनिखुसा में हुआ और 6 सितम्बर, 1990 को सिविल हॉस्पिटल कोकराझार में निधन हुआ।

अवदान

स्व. मादा राम ब्रह्म एक शिक्षाविद्, भाषाविद्, नामचीन बोड़ो लेखक और सामाजिक कार्यकर्त्ता थे। बोड़ो संस्कृति, समाज, भाषा और साहित्य में उनके मूल्यवान योगदान के लिए भारत के तत्कालीन राष्ट्रपति आर. वेंकटरमण द्वारा उन्हें पद्मश्री अवार्ड दिया गया। पद्मश्री मादा राम ब्रह्म द्वारा 1926 में लिखित **बोरोनी गुदी सिबसा अर्व आरोज** या **प्रिंसिपल कांसेटेट ऑफ द बोरोज फेथ एंड हिम्स** बोरो की पहली लिखित पुस्तक थी।

इस किताब में वे प्रार्थनाएं संकलित हैं जो खेराई उत्सव पर बोरो के प्रमुख देवता बाथौ को प्रसन्न करने के लिए गायी जाती हैं।

मादा राम ब्रह्म ने रूपनाथ ब्रह्म के साथ **खोन्थाई-मेथाई** नामक पुस्तक तैयार की। मादा राम ब्रह्म का **राइमली** एक सामाजिक नाटक है जिसमें एक आदर्श बोरो लड़की राइमाली जो सामाजिक, धार्मिक और सांस्कृतिक गतिविधियों से जुड़ी है, का चित्रण है। उनके दूसरे नाटक **दिमापुर रैजव बैनाइ** (दीमापुर राज का पतन) में विसंगतियों का वर्णन और त्रासदियों का चित्रण है।

सदांग बैरागी उनका अगला सामाजिक नाटक है जहां पात्रों की सादगी और दूसरों के लिए बलिदान सादांग की गतिविधियों के चित्रण के माध्यम से सामने आता है।

मादा राम ब्रह्म द्वारा लिखित कहानी की पुस्तक **फांगसिओ बिबार बरनवी** (एक ही डाली के दो फूल) दो आत्माओं के गहरे प्रेम के दर्शन को चित्रित करती हैं। उनकी दो अन्य कहानियों की पुस्तकों (जिसमें एक सम्पादित) में भी सामाजिक तस्वीरें मिलती हैं।

प्रकाशित कृतियां

बोरोनी गुदी सिबसा अर्व आरोज–1926, **खोन्थाई-मेथाई** (कविताएं), **राइमली** (नाटक), **दिमापुर रैजव बैनाइ** (नाटक), **सदांग बैरागी** (सामाजिक नाटक), **फांगसिओ बिबार बरनवी** कहानी संग्रह (एक ही डाली के दो फूल)।

महादेव उज़िर बसुमतारी

परिचय

महादेव उज़िर बसुमतारी का जन्म 24 जून, 1974 को एक बोड़ो परिवार में हुआ था। उनके पिता गोपाल च. बसुमतारी थे, व माता जयन्ती बसुमतारी थीं। सन् 2000 से वे एक गैर-राजनैतिक संगठन डी.यू.बी.ए.ए. के तकनीकी सलाहकार (कृषि विशेषज्ञ) के रूप में कार्यरत हैं। यह संगठन बोड़ो कृषक समुदाय के लिए कार्य करता है। महादेव उज़िर बसुमतारी असम कृषि विश्वविद्यालय, जोरहट के एग्रोनॉमी विभाग के वरिष्ठ शोधकर्ता हैं।

शिक्षा

महादेव उज़िर बसुमतारी असम कृषि विश्वविद्यालय के पोस्ट ग्रेजुएट हैं। उन्होंने सभी अकादमिक परीक्षाएं प्रथम श्रेणी में उत्तीर्ण की।

अवदान

बसुमतारी अधिकांशतः कृषि से संबंधित विषयों पर लेख लिखते हैं। उनके कई लेख व निबंध बोड़ो तथा अंग्रेजी भाषी असम की अग्रणी पत्र-पत्रिकाओं में प्रकाशित हुए हैं।

ऐसे कुछ उल्लेखनीय लेखों के विवरण इस प्रकार हैं: **ट्रेडिशनल कल्टीवेशन प्रेक्टीसेज ऑफ द बोडोज** नामक आलेख नेशनल बोड़ो मेला, नई दिल्ली—2003 के अवसर पर प्रकाशित सूवनियर में प्रकाशित; **ग्रोथ, यील्ड एट्रीब्यूट्स एंड यील्ड ऑफ समय ग्रीन ग्राम एज अफैक्टिड बाई लेवेलूस ऑफ फॉसफोरस एंड लाइम** आलेख जरनल ऑफ एग्रीकल्चरल साइंस सोसाइटी ऑफ नार्थ इण्डिया दिसम्बर—2001 में प्रकाशित।

संपर्क

महादेव उज़िर बसुमतारी
द्वारा—श्री गोपाल चन्द्र बसुमतारी
डिपो रोड, वार्ड नं.-4
पोस्ट एवं जिला : कोकराझार-783370 (असम)
दूरभाष : 03661-271240

मंगल सिं हाजोवारी

परिचय

मंगल सिं हाजोवारी का जन्म 1 मार्च, 1954 में हुआ। इनके पिता दिवंगत खासिया हाजोवारी और माता खुजी हाजोवारी थीं। ये 1978 से शिक्षण कार्य में रत हैं और कोकराझार के विभिन्न कॉलेजों में लेक्चरर के पद पर आसीन रहे हैं। सम्प्रति ये गवर्नमेंट सी.टी.सी. कॉलेज कोकराझार के प्राचार्य हैं। इन्हें अन्तर्राष्ट्रीय बिजनैस काउंसिल, नई दिल्ली से भी अवार्ड मिला है।

शिक्षा

मंगल सिं हाजोवारी ने गौहाटी विश्वविद्यालय से एम.ए. तथा पीएच.डी. की डिग्री प्राप्त की है। पीएच.डी. में इनके शोध का विषय था—**परम्परागत बोड़ो पर्व : एक आलोचनात्मक अध्ययन।**

अवदान

मंगल सिं हाजोवारी बोरो तथा असमिया भाषा के प्रमुख लेखक हैं। ये कविता, निबंध, कहानियां, नाटक तथा आत्मकथाएं बोड़ो, असमिया, बंगाली तथा अंग्रेजी भाषा में लिखते हैं। हाजोवारी का साहित्य की विभिन्न विधाओं में विपुल योगदान है और उनकी कई कृतियां प्रकाशित हो चुकी हैं। उनकी कई पुस्तकें स्कूल, कॉलेज तथा विश्वविद्यालय के बोड़ो भाषा एवं साहित्य के पाठ्यक्रम में लगी हुई हैं।

वे बोड़ो साहित्य सभा के आजीवन सदस्य हैं और कई पदों पर रहते हुए उसमें योगदान करते रहे हैं।

इन्हें अखिल भारतीय अचीवर्स कान्फ्रेंस, नई दिल्ली समेत कई संस्थानों से कई अवार्ड मिल चुके हैं।

प्रकाशित कृतियां

हारिमु आऽ सदमस्री, जोथाई विदाङ, रायथाई बिहूङ, रायथाई आरऽ सनस्रि (निबंध-संग्रह)—2002, **थईजङ लिरनाय दोंङसे खोन्थाई** (कविता-संग्रह)—2002,

बाथौ आरोज (प्रार्थना-गान), **जिवनी खोन्थाई मेथाई, फयसालि आन्दऽनी सोलो** (लघुकथा-संग्रह), **समदन** (ड्रामा), **जावलिया देवान** (ड्रामा), **झलाव दयमालू** (ड्रामा), **सिमाङ** (नाटक), **पदमश्री मोदाराम ब्रोह्मो** (आत्मकथा)।

संपर्क

डॉ. मंगल सिं हाजोवारी
कोकराझार, वार्ड नं.-7
पोस्ट एवं जिला : कोकराझार-733370 (असम)
दूरभाष : 03661-270029 (घर), 270683 (कार्या.)

मनोरंजन लाहारी

परिचय

मनोरंजन लाहारी बहुआयामी प्रतिभा वाले सम्पन्न बोड़ो लेखक हैं। उन्होंने कहानी, कविता, निबन्ध, उपन्यास, नाटक एवं एकांकी लिखे हैं। उनका जन्म 2 फरवरी, 1936 को हुआ। उनके पिता का नाम बसन्त कुमार लाहारी था। मनोरंजन लाहारी ने शिक्षा को अपना कैरियर बनाया और सेवा निवृत्ति के बाद अब भी गौहाटी यूनीवर्सिटी के कोकराझार कैम्पस में गेस्ट लेक्चरर के रूप में अपनी सेवा दे रहे हैं। इस पेशें में वे 1963 में आए। जब कोकराझार कॉलेज में अंग्रेजी भाषा एवं साहित्य के वे लेक्चरर बने। 1981 में वे बी.एड. कॉलेज कोकराझार के प्राचार्य नियुक्त हुए। कुछ समय बाद वे ढुबरी स्थित बी.एड. कॉलेज में प्राचार्य नियुक्त हो गए। आजकल वे अपने परिवार सहित कोकराझार असम में रहते हैं।

शिक्षा

लाहारी ने 1953 में अभयासारी हाईस्कूल, अभयपुरी से मैट्रिकुलेशन की परीक्षा पास की। 1957 में उन्होंने सुविख्यात कॉटन कॉलेज, गोवाहाटी से स्नातक किया। गौहाटी यूनिवर्सिटी से 1963 में एम.ए. की परीक्षा पास की। बाद में 1972 में बीटी की डिग्री भी उन्होंने हासिल की।

अवदान

मनोरंजन लाहारी ने साहित्य की लगभग सभी विधाओं में लेखन किया है। उन्होंने कई पत्र-पत्रिकाओं तथा सूवनियर का सम्पादन भी किया है। जिनमें से उल्लेखनीय हैं—**ओखाफोर** (1954-55), **असोरमान जनजाति** (1975, 1976 तथा 1977), **सूवनियर, बोड़ो साहित्य सभा** (1966), **सूवनियर बोड़ो साहित्य सभा रजत जयन्ती समारोह** (1977), **सूवनियर ऑल असम संगीत शिल्पी वार्षिक समारोह** (1984)।

वे विभिन्न साहित्यिक संस्थाओं एवं संगठनों से सम्बद्ध रहे हैं। जिनमें से निम्नलिखित उल्लेखनीय हैं—सदस्य, एक्सपर्ट कमिटी फॉर बोड़ो लैंग्वेज इम्प्लिमेंटेशन (असम सरकार), 1963, सदस्य बोड़ो टेक्स्ट बुक्स प्रोडक्शन कमिटी, 1962,

अध्यक्ष सब कमेटी फॉर हिस्ट्री ऑफ बोड़ो लिटरेचर, संस्थापक अध्यक्ष, बोड़ो राइटर्स एकेडमी 1984, मेम्बर गुडविल मिशन टू एन.सी. हिल्स–1985, सदस्य बोड़ो राटर्स गुडविल मिशन टू एफेक्टेड एरियाज़–1989, अध्यक्ष बोड़ो सिलेबस सब कमिटी–1992 आदि।

उन्हें कई पुरस्कार एवं सम्मान भी प्राप्त हुए हैं। यथा–राज्य सरकार द्वारा प्रदत्त साहित्य पुरस्कार–1994, कोकराझार जिला बोड़ो साहित्य सभा एवार्ड–1994, कोकराझार आंचलिक बोड़ो साहित्य सम्मान, बोड़ो राइटर्स एकेडमी एवार्ड, गांधी हिन्दुस्तानी साहित्य सभा एवार्ड–1999, सोमेश्वरी सम्मान, बोड़ो साहित्य सभा सम्मान–2003, विष्णुराभा एवार्ड असम सरकार–2004, पी.जी. बोड़ो स्टूडेन्ट्स एसोसिएशन एवार्ड–2004 आदि।

प्रकाशित कृतियां

कविता संग्रह

अंग फोईफिंगोरी–1995, **मबलेबा अरु गुबुन गुबार खोन्थाय**–1993, **मबलेबा**–1979, **माई वर्सिज़** (अंग्रेजी में), **सिंगिंग डाउन द रानी** (अंग्रेजी)।

निबन्ध संग्रह

गोदान बोरो (आलोचनात्मक आलेख संग्रह), **नवजर** (आलोचनात्मक आलेख संग्रह), **इन द रेल्म ऑफ थॉट** (आलोचनात्मक अंग्रेजी निबन्ध संग्रह), **ए स्टडी ऑफ बोड़ो फॉक सौंग्स** (अंग्रेजी में शोधपरक लेख)।

कहानी संग्रह

क्रोलोबिदंग, बोजोई, गोदानी।

उपन्यास

खरलुङ, हेनामुली, रेबेका, अलयश्री, दैनी, सुबुङसा।

नाटक

अनारी, हंगमा-हंगसा, माओरीसरन।

एकांकी

मोहोरसिरनी सिमंग, ओरागरी बिबर, बर्षा बिबर चिरिनाय, रंगखिनी, बलहंगखनी उनाव, गोबा गाओ लामा, बिमा, हिन्जाओ नयनो थंगनयर, देंगखो ।

चरित्र-चित्रण

सतीश च बांटी, रूपनाथ ब्रह्म, पदमश्री एम. आर. प्रह्म, पी.सी. ब्रह्म ।

सम्पर्क

मनोरंजन लाहारी
आर.एन.बी. रोड, कोकराझार
पोस्ट एवं जिला : कोकराझार (असम)
दूरभाष : 03661-270822

मुकुट प्रसाद बोरो

परिचय

मुकुट प्रसाद बोरो का जन्म 1 दिसंबर, 1969 में हुआ। उनके पिता देबेन बोरो थे व उनकी माता सुमादीबाला हैं। वे सामाजिक, सांस्कृतिक एवं शैक्षिक गतिविधियों में सक्रिय रूप से भाग लेते हैं। पिछले कई वर्षों से वे अध्यापन के क्षेत्र में हैं। इस समय वे के.बी. देउलकुची एच. एस.डी. स्कूल में एल.डी. असिस्टेंट के रूप में कार्यरत हैं। वे असम के जिला कामरूप के कछारी सोलमारी गांव रांगिया में अपनी पत्नी दुलुमनी बसुमातारी और दो पुत्रियों सोरांमणि लाहारि एवं देदेरे मायनाव लाहारि के साथ रहते हैं।

शिक्षा

बोरो ने अपनी प्राथमिक शिक्षा चिराखंडी एल. पी. स्कूल से प्राप्त की। 1986 में उन्होंने एच. एस. एल. सी. परीक्षा के. बी. देउलकुची हाईस्कूल से और 1992 में हायर सेकंडरी परीक्षा देउलकुची हायर सेकंडरी स्कूल से पास की। उसके बाद उन्होंने गुवाहाटी के एल. सी. भोराल कॉलेज में प्रवेश लिया। परंतु पारिवारिक जिम्मेदारियों के कारण वे अपनी शिक्षा पूरी नहीं कर सके।

अवदान

मुकुट प्रसाद बोरो एक युवा बोरो-कहानीकार, निबंध लेखक एवं समालोचक हैं। मुकुट प्रसाद बोरो ने बोरो लघुकथाओं के तीन संग्रह प्रकाशित किए हैं।

बोरो के लेख, समालोचनाएं एवं निबंध विभिन्न पत्र-पत्रिकाओं में प्रकाशित हो चुके हैं। बोरो ने कई पत्रिकाओं व सूवनियर का संपादन किया है और कुछ समय तक उन्होंने पत्रकारिता के क्षेत्र में भी काम किया है। इस समय वे बोडो साप्ताहिक पत्रिका **बोडोसा** के संवाददाता है। यह पत्रिका कोकराझार (असम) से प्रकाशित होती है। वे **रैनाखुंग्री** (अंक सं. 6, 7, 8 सन्, क्रमशः 2001, 2002, 2003 में प्रकाशित) के मुख्य संपादक भी रहे हैं। उन्होंने बोड़ो साहित्य सभा की वार्षिक पत्रिका रंगिया एवं-त्रिभाषीय पत्रिका **स्मृति ग्रंथ** तथा के. बी. देउलकुची हायर सेकंडरी स्कूल के सूवनियर का भी संपादन किया है।

प्रकाशित कृतियां

गारबोनाई सानफिखौ नागिरनानाई–2003, बिदर बोली गोसु–2002, गौरनथिआ सोरनि–1995

संपर्क

मुकुट प्रसाद बोरो
कछारी सोलमारी,
पो. : कछारी सोलमारी,
जिला : कामरूप-781354 (असम)
दूरभाष : 03621-242603

फुकन चन्द्र बसुमतारी

परिचय

फुकन चन्द्र बसुमतारी का जन्म बागोना बेन्नाबारी गांव, पोस्ट बनूगांव, जिला बरपेटा, असम में 1 दिसम्बर, 1967 को हुआ। पिता गोनेश्वर बसुमतारी तथा माता अलायश्री बसुमतारी के वे सबसे छोटे पुत्र हैं। सम्प्रति वे रंगिया कॉलेज, असम में बोड़ो भाषा के लेक्चरार हैं।

शिक्षा

बसुमतारी एम.ए., एम. फिल हैं। इनके एम. फिल का विषय—**लोक-साहित्य पर शोध** था। अभी ये पीएच.डी. कर रहे हैं। इनके शोध का विषय—**असम के बोरो तथा राभा (जनजातियों) के सांस्औतिक एवं भाषाई संबंधों-संपर्कों का अध्ययन** है।

अवदान

फुकन चन्द्र बसुमतारी एक युवा कवि, आलोचक तथा आलेख लेखक हैं। इनकी कुल पांच पुस्तकें प्रकाशित हुई हैं, जिनमें एक कविता पुस्तक, दो कविता की आलोचना पुस्तकें तथा एक बोड़ो भाषा में अनुवादित पुस्तक है। एक बोड़ो भाषा पर भी विश्लेणात्मक पुस्तक है। बसुमतारी ने कई राष्ट्रीय सेमिनार एवं वर्कशाप में हिस्सा लिया है जिनमें इन्होंने कई विषयों पर पर्चे पढ़े हैं जिनमें—**पूर्वोत्तर राज्यों में साहित्य के समकालीन रुझान तथा पूर्वोत्तर में लघु पत्रिकाओं की संभावनाएं एवं समस्याएं**—विषय भी था। भारतीय भाषा केंद्रीय संस्थान, मैसूर तथा नेशनल बुक ट्रस्ट, नई दिल्ली ने इन्हें रिसोर्स पर्सन के तौर पर आमंत्रित किया।

ये साहित्य अकादेमी की बोड़ो भाषा तथा साहित्य के भाषा सम्मान ज्यूरी के सदस्य भी हैं। सम्प्रति आप गौहाटी विश्वविद्यालय की बोरो भाषा की स्नातक स्तर की सिलेबस कमिटी के सन् 2001 से सदस्य हैं।

प्रकाशित कृतियां

नैबे लामाजों नों फैयोमोनबोला (कविता पुस्तक)–2003, **क्रिटीसिज्म आन टूवन्टीअथ सेन्चुरी बोरो पोइट्री** (बोरो)–2002, **रोबिन्सन क्रूसो** (बोरो भाषा में अनुवादित)–2002, **बोरो लैंग्वेज एण्ड लिटरेचर** (बोरो)–2000, **मोरफोलोजी ऑफ बोड़ो लैंग्वेज** (बोरो)-2000।

संपर्क

फुकन चन्द्र बसुमतारी
रंगिया कालेज रंगिया,
जिला : कामरूप (असम)

प्रबन बरगोयारी

परिचय

प्रबन बरगोयारी प्रतिष्ठित बोड़ो साहित्यकार हैं। उनका जन्म 10 मई, 1960 को हुआ। वे जन्मजात नेता हैं और बचपन में ही उनके इस गुण के लक्षण उनमें देखे जा सकते थे। गौहाटी यूनिवर्सिटी के कोकराझार कॉलेज बोड़ो स्टूडेन्ट्स लिटरेरी फोरम के उपाध्यक्ष तथा बाद में महासचिव रहे। वाक् कला में पारंगत होने के कारण छात्र जीवन में वे उत्कृष्ट वक्ता माने जाते थे। 1987 से 1990 तक उन्होंने ऑल इंडिया रेडियों गुवाहाटी में उद्घोषक का काम भी किया। सम्प्रति वे बिक्रीकर कार्यालय कर विभाग असम सरकार में कार्यरत हैं तथा वे ओरोन, फॉरेस्ट कन्जर्वेशन ट्रस्ट बोर्ड के सदस्य भी हैं।

शिक्षा

प्रबन बरगोयारी ने गुवाहाटी यूनिवर्सिटी से इतिहास में एम.ए. किया है। उन्होंने एम.ए. की परीक्षा में प्रथम श्रेणी से उत्तीर्ण छात्रों में द्वितीय स्थान प्राप्त किया।

अवदान

प्रबन बरगोयारी बोड़ो भाषा के अतिरिक्त असमिया तथा अंग्रेजी में भी लिखते हैं। यद्यपि अभी तक उनकी एक ही पुस्तक **ऑब्जर्वेशन एंड द व्यूज़** प्रकाशित हुई है, उनके लेख तथा निबन्ध बोड़ो असमिया एवं अंग्रेजी के प्रमुख पत्र-पत्रिकाओं मे छपते रहे हैं। अंग्रेजी बोड़ो शब्दकोश तैयार करने में उन्होंने आंशिक योगदान दिया है। लेखन के अतिरिक्त उन्होंने कई पत्रिकाओं तथा सूवनियर का सम्पादन भी किया है इनमें बोड़ो भाषा की क्रांतिकारी एवं परिवर्तनकामी शीर्ष पत्रिकाओं में गिनी जाने वाली **ओरखी** उल्लेखनीय है। उनके सम्पादन में प्रकाशित कुछ अन्य पत्रिकाएं हैं—**गंगा, सुश्रावती, अलयकुंग्री** आदि। ये पत्रिकाएं राष्ट्रीय स्तर के सेमिनारों के लिए प्रकाशित हुई थीं। आजकल बोड़ो साहित्य सभा के मुख्य पत्र **बोड़ो** के वे मुख्य सम्पादक हैं।

गैर अनुसूचित भाषाओं की 21वीं सदी में भविष्य और राष्ट्रीय एकीकरण के सबलीकरण में उनकी भूमिका के मुद्दे पर गांधी हिन्दुस्तानी साहित्य सभा द्वारा आयोजित राष्ट्रीय सेमिनार—मार्च 2003 में उन्होंने—**21वीं सदी : जनजातीय**

भाषाओं का भविष्य, राष्ट्रीय एकजुटता-सबलीकरण में उनकी भूमिका पर पर्चा पढ़ा।

प्रबन बरगोयारी शोभा ब्रह्म ट्रस्ट बोर्ड, बोड़ो कल्चरल म्यूजियम फाउंडेशन ट्रस्ट एवं नेशनल इंस्टीट्यूट ऑफ बोड़ोलॉजी कोकराझार से भी सम्बद्ध हैं।

प्रकाशित कृतियां

ऑब्जर्वेशन एंड द व्यूज़

संपर्क

प्रबन बरगोयारी
बोलटोला, मदम गांव,
गुवाहाटी : 28, (असम)
दूरभाष : 0361-2227856

प्रेमा नोन्दो मशाहारी

परिचय

प्रेमा नोन्दो मशाहारी का जन्म 28 जनवरी, 1958 को असम के गोआलपारा जिला के गांव धायगांव में हुआ था। उन्हें शैशव अवस्था में ही अपने पिता चन्डी राम मशाहारी तथा माता परमेश्वरी मशाहारी के साथ धायगांव छोड़कर जिला कार्बी आंगलांग जाना पड़ा। सम्प्रति मशाहारी आंगलांग स्थित थोंग नोकबे कॉलेज में बी.एस.सी. के लेक्चरर पद पर स्थापित हैं।

मशाहारी ने अपने कैरियर की शुरुआत एक को-आपरेटिव सोसाइटी के मैनेजर के रूप में शुरू की। बाद में उन्हें लंघिन गर्ल्स स्कूल में काम मिल गया जहां उन्होंने हैडमास्टर के पद पर काम किया। उन्होंने पुनः एक बार अपना पेशा बदला और लांगीप देहांगी ग्रामीण बैंक के प्रबंधक पद पर आसीन हुए। असन्तुष्ट होकर उन्होंने इस पद से भी त्यागपत्र दे दिया और पुनः वे शिक्षा के क्षेत्र में आ गए। मशाहारी विवाहित हैं और उनकी दो पुत्रियां व एक पुत्र है।

शिक्षा

मशाहारी ने सन् 1974 में लांथिन पामगांव हाई स्कूल, लंघिन से हायर सैकेंडरी (HSLC) की परीक्षा पास की। डीफू गवर्नमैंट कॉलेज, डीफू से वे 1980 में कला से स्नातक हुए। सन् 1982 में गौहाटी विश्वविद्यालय, गुवाहाटी से उन्होंने राजनीतिक शास्त्र से एम.ए. किया। फरवरी 2003 में **कार्बी आंगलांग जिला में बोड़ो जाति की सामाजिक व राजनैतिक स्थिति** विषय पर शोध करने हेतु उन्हें विश्वविद्यालय गुवाहाटी से पीएच.डी. प्रदान की गई।

अवदान

मशाहारी बोड़ो, असमिया तथा अंग्रेजी में लिखते हैं। उन्होंने अपनी कविताओं, कहानियों, नाटकों तथा निबंधों– जो विभिन्न पत्र-पत्रिकाओं तथा सेमीनारों में अनवरत छपते तथा पढ़े जाते रहे हैं–से अपनी ख्याति अर्जित की है। उनके अपने निर्देशन में उनके चार नाटकों का मंचन भी हुआ है। ये नाटक हैं–**गर्बनी मिजींग** (हृदय का स्वप्न), **खिथिर्नी** (बदले की आग), **हांगमात** (ऊंची आशा) तथा **नङनी**

थाखा आंगूनी जनम (मेरा जन्म-तुम्हारे निमित्त)। ये नाटक जनता में बहुत चर्चित एवं प्रसिद्ध हुए। अपने इन नाटकों में से दो नाटकों में उन्होंने अभिनय भी किया। इनमें से तीन नाटकों के तो प्रायः सभी गीत एवं लिरिक्स भी उन्होंने स्वयं ही लिखे।

प्रकाशित कृतियां

सामाजिक और राजनैतिक पोतो भूमित कार्बी आंगलोंग बोरो-कछारी-सोकोल (असमिया भाषा में)–1999, **कोपिली उपान्योकात बोरो होकोलोर ओतीत आरू बोर्तोमान सामाजिक जीबोनोर सोमी इतिबृत्ते**–1999, **ओन्ठाय गुफुद हाजऽनी सोलो**–1997, **डॉमीनेटिड ट्राईबल्स ऑफ असम**–1997, **एथनो पोलिटिकल आइडैन्टिटी क्राइसिस अमंग दि ट्राइबल्स ऑफ नार्थ-ईस्ट इण्डिया**–1996, **बुर्लुंङ बुथुर हायनाओव बोरोनी सदमूश्री** (बोरो भाषा में)–1996, **नोगुंबई शुबुङ धऽरऽम आर मूगानी शाबूशीन झलाव** (बोरो में एक धार्मिक पुस्तक)–1994।

संपर्क

प्रेमा नोन्दो मशाहारी
गांव : पंडुगांव
पो. : लंधिन तिनिआली,
जिला : कार्बी अंगलोङ, पिन : 78241 (असम)
दूरभाष : 03674-296687 (आवास) 03674-299866 (ऑफिस)

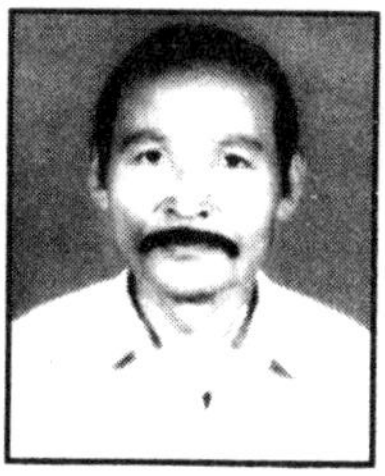

पूरन बोरो

परिचय

पूरन बोरो 14 अक्टूबर, 1949 को पैदा हुए और कामरूप जिले के चिला काटामूर गांव में उनका पालन पोषण हुआ। उनके पिता का नाम मनीराम बोरो और माता का नाम रेबा बोरो है। उन्होंने दो वर्ष तक चगसारी गर्ल्स हाईस्कूल में अध्यापन किया और 1974 मई में उन्होंने गोरेश्वर कॉलेज में लेक्चरर के पद पर ज्वाइन किया। 1977 की इमरजेन्सी (यानी आपातकालीन स्थिति) के बाद उन्होंने राजनीति में रुचि रखना आरंभ किया।

वे दो लगातार विधान सभा चुनावों 1978 व 1983 में सीपीआई (एम) अभ्यर्थी के रूप में चुने गए। वर्तमान में वे सी. पी. आई. (एम) के राज्य समिति के सदस्य हैं और राज्य किसान सभा के अध्यक्ष हैं।

शिक्षा

उन्होंने एच. एस. एल. सी. परीक्षा अंगसारी हाईस्कूल से पास की। उन्होंने असामी भाषा में बी.ए. ऑनर्स कॉटन कॉलेज से किया एवं एम. ए. गौहाटी विश्वविद्यालय से किया।

अवदान

लेखक के रूप में उनका योगदान निबंधों व लेखों के माध्यम से हुआ। वे अधिकतर समाज-आर्थिक, राजनैतिक और वर्तमान के मुद्दों पर लिखते हैं। उनके कई लेखादि **गनशक्ति, दैनिक असम,** व असम के लोकप्रिय एवं प्रमुख समाचार पत्र **दैनिक जन्मभूमि** जैसे पत्र-पत्रिकाओं में छपते रहे हैं। समाज-संस्कृति के मुद्दों के लेखक होने के अलावा वे संगीत में भी रुचि रखते हैं और गुवाहाटी के आकाशवाणी केंद्र से गीत गाया करते हैं। गौहाटी विश्वविद्यालय के सांस्कृतिक दल के सदस्य के रूप में वे उत्कल यूनिवर्सिटी, भुवनेश्वर (उड़ीसा) गए और वहां पर उन्होंने सांस्कृतिक कार्यक्रमों में भी भाग लिया।

संपर्क

पूरन बोरो
एलआईजी-5, फ्लैट-1, हाउस कॉम्पलेक्स, हेंगराबारी,
पो. : असम सचिवालय,
जिला : कामरूप, दिशपुर, गुवाहाटी–6, (असम)
दूरभाष : 0361-2225799

रामदास बोरो

परिचय

रामदास बोरो का जन्म 11 अक्तूबर, 1936 को चुटियापारा गांव, जिला नलबारी, असम में हुआ था। उनके पिता बातीमल बोरो थे और उनकी माता दन्दी बोरो थीं।

बोरो ने 1961 में आथियाबारी विद्यामंदिर हाई स्कूल स्थापित किया व उसके प्राचार्य बन गये। उसके हायर सैकन्डरी स्कूल में प्रोन्नत होने पर वे (1979-83) उसके संस्थापक के रूप में कार्यरत रहे। 1991 से 1993 तक बोरो मशालपुर कॉलेज के प्राचार्य रहे। 1994-97 तक वे थोमना कॉलेज के आफिशियेटिंग प्रिन्सिपल रहे। वे सैकेन्डरी शिक्षा बोर्ड के मुख्य परीक्षक भी रहे हैं।

बोरो राजनीति में भी सक्रिय रहे हैं। उन्होंने 1983-85 व 1991 में विधान सभा हेतु चुनाव लड़ा। उन्होंने लोक सेवक के रूप में भी अपनी सेवाएं दीं और वे नलबारा महकुमा परिषद् के, 1983 से 1985 तक, मुख्य प्रशासक भी रहे। वे अपनी स्थानीय पंचायत के अध्यक्ष हैं व सर्वशिक्षा अभियान मिशन की ब्लॉक एजुकेशन कमेटी के भी अध्यक्ष हैं। उन्होंने 1972 में **दुलाराय आसाम बोरो बथौसालि** (बाथौ मंदिर) की स्थापना की।

शिक्षा

रामदास बोरो ने 1955 में पटाचारकुची विद्यापीठ से प्रथम डिवीजन एवं गणित व संस्कृत में विशेष योग्यता के साथ मैट्रिकुलेशन पास किया। 1957 में कॉटन कॉलेज से उन्होंने प्रथम श्रेणी में इन्टरमीडिएट (कला संकाय) पास की। 1959 में कॉटन कॉलेज गुवाहाटी से उन्होंने बी.ए. पास किया। 1964 में उन्होंने एम.ए. इतिहास में व 1979 में गौहाटी युनिवर्सिटी से ई.टी. (शिक्षा) पास की।

अवदान

रामदास बोरो असमिया, अंग्रेजी व बोडो भाषा के लेखक हैं। विभिन्न पत्र-पत्रिकाओं में उनके 100 से अधिक लेख छपे हैं। रवीन्द्रनाथ टैगोर की बंगाली कृति गीतांजलि का उन्होंने असमिया में अनुवाद किया। उन्होंने **गोदान बिथराइ** –कक्षा 1 व 2 भी लिखी। ये दोनों पुस्तकें असम **एस.सी.इ.आर.टी.** द्वारा डी.पी.इ.पी. के

संयुक्त तत्वावधान में कक्षा 1 व 2 के लिये विकसित एकीकृत पाठ्यपुस्तक एवं वर्कबुक के रूप में पढ़ाई जा रही है। यह मूल असमिया भाषा से बोडो भाषा में अपनाई गई है और असम स्टेट टैक्स्टबुक प्रॉडक्शन एवं पब्लिकेशन कॉरपोरेशन लिमिटेड, गुवाहाटी द्वारा स्वीकृत है। आकाशवाणी से भी ये प्रसारित होते हैं।

रामदास बोरो को 1997 में बोरो साहित्य सभा द्वारा **सोमेश्वरी ब्रह्मा थुनलाई बान्था** (साहित्य पुरस्कार) प्रदान किया गया।

वे नलबारी जिला बोरो साहित्य सभा के वे अध्यक्ष व ऑल बोडो साहित्य सभा के उपाध्यक्ष भी रहे हैं। 1995 में असम सरकार द्वारा वे राज्य साहित्य जीवन पेंशन के लिये चयनित किये गये।

प्रकाशित कृतियां

दाउखा दन्दि (लोक कथाए)–2003, **गुवाहाटी बीष्णु राभा दाबो उरुलाङखै** (बोरो काव्य)–2000/1947, **देबजानी आरू कश** (असम भाषा में नाटक)–2000, **जीवन दयोति** (असम मातृ भाषा जैसे रबायत)–2000, **फैफिन** (बोरो काव्य)–1976, **बिथराइ** (बोरो प्राइमर)–1974, **व्यावधान** (असम भाषा का सामाजिक उपन्यास)–1964, **सांग्रेमा** (संक्षिप्त कहानी) और **आलारी**–1958.

संपर्क

रामदास बोरो
गांव : चुटियापारा,
आथियाबारी, नलबारी-78137 (असम)

रतन कुमार राय हाजङ

परिचय

रतन कुमार राय हाजङ का जन्म 1958 में पूर्वी पाकिस्तान में मैमन सिंह जिले के एक साधारण से गांव में हुआ था। भुयांपारा जो कि उस गांव का नाम था एक ऐसे अंचल में था, जहां सम्पन्न फसलें, प्राकृतिक सौन्दर्य और सम्पन्न लोकसंगीत व लोक संस्कृति का समावेश था और गांव को इन सबसे अपने होने की अर्थवत्ता मिलती थी।

दुर्भाग्यवश राजनैतिक व साम्प्रदायिक कारणों से उन्हें वह स्वर्ग-सा स्थान छोड़ना पड़ा। कुछ समय तक उनके परिवार को असम के गोआलपारा जिले के एक शरणार्थी कैम्प में रहना पड़ा। फिर 1963 व 1964 के बीच वे उस क्षेत्र में पुनर्वासित हुए। यहां वे पहली बार बोडो संस्कृति के सम्पर्क में आए और उस संस्कृति के तिलिस्म के प्रभाव में आ गये और यहीं उनका बोडो संगीत व नृत्य में प्रशिक्षण शुरू हुआ। 1985 में उनका विवाह प्रोनोती से हुआ जिसे वे अपने जीवन की एक महान घटना बताते हैं।

शिक्षा

राय अपनी स्कूली शिक्षा निर्धनता के कारण पूरी नहीं कर पाये और उन्हें रोटी कपड़ा और मकान के अभाव की समस्याओं का शिकार हो पड़ोस के एक बोडो गांव में चरवाहे का काम करना पड़ा। उनका जीवन संघर्षमय रहा परन्तु गरीबी और विपरीत स्थितियों के बावजूद वे किसी तरह हाई स्कूल पास करने में सफल हो गये। इसके बाद उनका कैरियर प्रगति के ऊर्ध्वमुखी पथ की ओर बढ़ता चला गया। जीवन की शुरूआत एक चरवाहे से करके, पान के दुकानदार, चौकीदार आदि के सोपान चढ़ते हुए वे आकाशवाणी व दूरदर्शन के कलाकार व वृत्तचित्रों के निर्माता से ले कर समाचारपत्रों के ले-आउट कलाकार तक के पदों पर प्रतिष्ठित हुए।

अवदान

राय ने अपनी पेंटिंग कृतियों की कई एकल प्रदर्शनियां लगाईं। उन्होंने देश भर में कई अन्य प्रदर्शनियां भी लगाईं। अब वे एक स्थापित कलाकार हैं। उनकी तीन

पुस्तकें प्रकाशित भी हुई हैं। लेखन के साथ-साथ क्षेत्र की अन्य सांस्कृतिक गतिविधियों में भी भाग लेते रहते हैं। वे एक संगठन **मोनबिकाश** जो उत्तरपूर्वी क्षेत्र के किशोरवय के बालकों की प्रतिभा के उन्नयन से सम्बन्धित है, के संस्थापक हैं। वे एक बालोपयोगी पत्रिका **मोनबिकाश** का सम्पादन व प्रकाशन भी करते हैं।

प्रकाशित कृतियां

हाजं समाज आरु संस्औतित दृष्टिपॉत (हाजङ पर सामाजिक विवेचना)–2003, **टेण्डेरेला फूल** (आधुनिक गीत स्वयं प्रकाशित)–1997, **दो समयर मुखामुखि** (असमिया भाषा में स्वयं प्रकाशित)–1994

संपर्क

रतन कुमार राय हाजङ
दि असम त्रिबून, त्रिबून भवन, चान्दमारी,
गुवाहाटी : 781003 (असम)
दूरभाष : 0361-2660739 (आ.) 2661360 (का.)

रमाकान्त बसुमतारी

परिचय

रमाकान्त बसुमतारी का जन्म 1 जनवरी, 1967 को असम के रंगिया जिले में खंडीकर गांव में हुआ। उनके पिता का नाम जग्य राम बसुमातारी तथा मां का नाम गुणेश्वरी बसुमातारी था। रमाकान्त बसुमतारी पेशे से एक शिक्षक हैं।

शिक्षा

बसुमतारी ने हाई स्कूल तक की शिक्षा प्राप्त की है।

अवदान

रमाकान्त बसुमतारी बोरो भाषा के कवि, निबंधकार तथा कहानीकार हैं। बसुमातारी के तीन काव्य-संग्रह, एक कहानी-सग्रंह तथा एक आत्मकथा प्रकाशित हुई हैं। ये सभी बोरो भाषा में हैं। इनके अतिरिक्त बोरो तथा असमिया में बसुमातारी के कई लेख प्रकाशित हो चुके हैं। वे बोडो राइटर्ज़ अकादमी की पत्रिका **लायथुन** के संपादक तथा एक अन्य बोरो त्रैमासिकी **नेरसोन** के मुख्य संपादक हैं। वे **रैनाखुंग्रि** जो जिला बोड़ो साहित्य सभा (1994-1996) की मुख्य पत्रिका तथा **रौनिया** जो रंगिया आंचलिक बोड़ो साहित्य सभा (1993-2005) की मुख्य पत्रिका है, के भी सम्पादक रह चुके हैं। उनकी 25 कविताएं असमिया भाषा में अनुवादित होकर छप चुकी हैं तथा उनके बोड़ो भाषा के कई लेख भी प्रकाशित हो चुके हैं। आप दूरदर्शन के नृत्य कार्यक्रमों व आकाशवाणी के कविता पाठ एवं वार्ताओं में भी भाग लेते रहे हैं।

बसुमातारी बोड़ो साहित्य सभा के सक्रिय सदस्य हैं। वे बोड़ो राइटर अकादमी के संपादक भी हैं।

प्रकाशित कृतियां

लाइफ़ एंड क्रिएशन (बोड़ो आत्मकथा)–2002, **राइट** (कविता-संग्रह)–2001, **हू इज़ गिल्टी** (बोरो लघु कथा)–1995, **टू रेवॉल्यूशनरी फ्रेन्ड** (बोरो कविता)–1993 **वॉर पोएम** (बोरो कविता)–1993

संपर्क

रमाकान्त बसुमतारी
ग्राम : खांडीकर, पो. : देउलकुची,
जिला : कामरूप (असम), पिन : 781354

रूपनाथ ब्रह्म

परिचय

रूपनाथ ब्रह्म का जन्म ओबबाड़ी नामक गांव में 15 जून, 1902 से खाते-पीते परिवार में हुआ था। उनके पिता का नाम ध्वजेन्द्र ब्रह्म और उनकी माता का नाम ख्वड्वमश्री था। रूपनाथ ब्रह्म का छात्र जीवन में अनेक छात्र संगठनों से सम्बन्ध रहा। उन्होंने बहुत उत्साह पूर्ण ढंग से छात्र संगठनों की अपेक्षाओं और समस्याओं को हल किया। उन्होंने 1918 में बोरो छात्र संगठन की स्थापना की। वे 1918 से 1928 तक गोलपारा छात्र संगठन सोनमिलोनी के जेनरल सेक्रेटरी रहे।

रूपनाथ ब्रह्म ने 1928 में कानून की डिग्री प्राप्त कर लोवर कोर्ट धुर्बी में प्रैक्टिस शुरू की। उन्होंने अपनी यह प्रैक्टिस 1937 तक जारी रखी जब वे ब्रिटिश शासन में असम विधान सभा के सदस्य चुन लिए गए। वे लोकल बोर्ड धुर्बी के सदस्य चुने गए। उन्होंने ग्रामीण लोगों की उन्नति के लिए अनेकों विकास कार्य किए। ग्रामीणों के उत्थान के लिए उन्होंने जाति और धर्म की परवाह किए बगैर उन्हें अपार सहयोग दिया। उन्होंने 1938 से 1967 तक असम के विभिन्न विभागों में बतौर मन्त्री काम करते हुए अपनी ईमानदारी, प्रतिबद्धता और गम्भीरता का परिचय दिया। 1967 के मध्य में वे लोकसभा के सदस्य चुन लिए गए। लेकिन दुर्भाग्यवश अपनी मृत्यु पूर्व लोकसभा के सिर्फ एक सत्र में ही भाग ले सके। एक मन्त्री के रूप में 1938 से 1967 के बीच 29 वर्षों की लम्बी अवधि में उन्होंने एक कीर्तिमान स्थापित किया। उनकी इस पहल से 1957 में कोकराझार अनुमण्डल बना। रूपनाथ का निधन 23 जनवरी, 1968 को साढ़े तीन बजे शाम को हो गया। उन्होंने कोकराझार अस्पताल में आखिरी सांस ली।

शिक्षा

उनके पिता रूपनाथ की शिक्षा के प्रति सतर्क थे। उनका नाम कोकराझार प्राथमिक विद्यालय में लिखाया गया। उन्होंने 1921 में प्रथम श्रेणी से मैट्रिक की परीक्षा पास की। उन्होंने 1925 में कॉटेन कॉलेज, गुवाहाटी से बी.ए. की डिग्री ली। उन्होंने कलकत्ता यूनिवर्सिटी कालेज से एम.ए. और 1928 में कानून की परीक्षा पास की।

अवदान

रूपनाथ ब्रह्म एक अच्छे निबन्धकार और कवि थे। उन्होंने अपनी बोड़ो कविताओं का संग्रह **खोन्थाई-मेथाई** पद्मश्री स्व. मादा राम बोरो के सहयोग से प्रकाशित कराया। उनकी अधिकांश कविताएं हल्का सा रूमानी, द्वान्द्वात्मक और प्रतीकात्मक पुट लिए हैं।

उनकी कविताएं जीवन के प्रति उनके दर्शन को उजागर करती हैं। अपने सहज प्रतीकों में वे उदात्त दर्शन की व्याख्या करने में सफल हुए हैं। उन्होंने **बोरो जातिर परिचय** नामक एक किताब लिखी जो पाठकों में काफी लोकप्रिय हुई। असम साहित्य सभा और असम संगीत नाटक अकादमी के सहयोग से प्रकाशित होने वाली पत्रिकाओं के वे नियमित लेखक हैं। वे कुछ बोड़ो सोविनियर और पत्रिकाओं से जुड़े रहे हैं, खासकर स्व. सतीश चन्द्र बसुमतारी द्वारा संपादित **बिबार** से। बोड़ो साहित्य में नये युग का सूत्रपात करने वाली पहली बोड़ो पत्रिका में उनकी बोड़ों कविताएं और लेख प्रकाशित हुए हैं।

रूपनाथ ब्रह्म असम के आदिवासी लोकसंगीत और नृत्य के पुनरुद्धार और विकास के लिए काफी सजग रहे । उनके ही प्रयास से एक बोड़ो सांस्कृतिक समूह ने पहली बार 1956 में दिल्ली के गणतन्त्र दिवस समारोह में भाग लिया। वे सांस्कृतिक संगठनों से जुड़े थे। संगीत नाटक अकादमी की स्थापना में उनकी अग्रणी भूमिका थी।

प्रकाशित कृतियां

खोन्थाई-मेथाई, बोरो जातिर परिचय,

सम्पर्क

रूपनाथ ब्रह्म
वार्ड नं.-7, आर.एन.बी. रोड,
कोकराझार,
बी.टी.सी, पिन-783370 (असम)

सोभा ब्रह्म

परिचय

सोभा ब्रह्म का जन्म असम के गोसाईगांव में 14 अक्तूबर, 1929 को हुआ था। वे बोरो-कछारी जनजाति के सदस्य हैं। उन्होंने 1957 से 1958 तक तारिनी चौधरी एच.एस.एम.पी. स्कूल, गौहाटी में आर्ट टीचर के रूप में कार्य किया। 1958 में प्रज्ञोतिशपुर में ऑल इंडिया कांग्रेस के अधिवेशन के समय सजावट प्रभारी के रूप में कार्य किया। 1959 में उन्हें गौहाटी विश्वविद्यालय के जनजाति संस्कृति व लोक साहित्य विभाग द्वारा शोध छात्रवृत्ति स्वीकृत की गई। बाद में उन्होंने बोड़ो, राभा व दिमासा कछारी गणों के जनजाति बाहुल्य के इलाकों में दौरा भी किया जिसका उद्देश्य था इन लोगों की कलात्मक सामग्री का विशेषकर उनके वस्त्रों के डिजाइन के संग्रह का अध्ययन करना। 1960 के बाद में ब्रह्म असम की कला व शिल्प स्कूल में सेवारत रहे। यह संस्था बाद में एक कॉलेज बन गई जिसमें ब्रह्म के मार्गदर्शन व नेतृत्व में कला स्नातक डिग्री का कोर्स चलाया गया। 1964 से 1989 तक वे इस कॉलेज के प्राचार्य रहे।

शिक्षा

सोभा ब्रह्म 1948 से 1952 तक कॉटन कॉलेज, गुवाहाटी में अध्ययनरत रहे। उन्होंने कला की शिक्षा 1952 से 1957 के बीच शान्ति निकेतन में शिल्पाचार्य नन्दलाल बोस, धीरेन्द्रकृष्ण देवबर्मन, राम किंकर बैज एवं अन्य कला पुरोधाओं के सान्निध्य में ली। 1956 में उन्होंने प्राग चेकोस्लोवाकिया में आयोजित चौथे अन्तर्राष्ट्रीय कला विद्यार्थी प्रदर्शनी में भाग लिया।

अवदान

सोभा ब्रह्म उत्तरी पूर्वी राज्यों के एक ख्यातिनाम लेखक, शिल्पकार, मूर्तिकार एवं चित्रकार हैं। वे बोरो, असमी, अंग्रेजी एवं बंगाली भाषा में लेखन करते हैं। निबन्ध, जीवनी लेखक व संस्मरणों के लेखन के अलावा वे फिल्म निर्देशक भी हैं। ब्रह्म ने महत्वपूर्ण कला पुस्तकों का असमिया भाषा में अनुवाद भी किया है। देश की अनेक एकल कल्प प्रदर्शनियों में उनके द्वारा निर्मित चित्र प्रदर्शित हुए हैं।

उनकी कला कृतियां प्राग (चेकोस्लोवाकिया), रोम (इटली), ढाका (बांग्लादेश) और सोफिया (बल्गेरिया) में भी प्रदर्शित हुई हैं। इनकी कलाकृतियां, गवर्नमेंट म्यूजियम चण्डीगढ़, असम स्टेट म्युजियम, ललित कला अकादमी एवं असम के कई अन्य सरकारी विभागों व असम, शिलांग, मुम्बई व पश्चिमी जर्मनी के निजी संग्रहालयों में भी म्यूजियम का एक भाग हैं।

उन्हें कई सामाजिक, सांस्कृतिक व कला-शिक्षण संगठनों द्वारा सम्मान प्रदान किया गया है यथा असम कल्लौल गोष्ठी, गुवाहाटी का कला-गिल्ड, स्टेट बैंक ऑफ इन्डिया, गुवाहाटी के डिप्टी कमिश्नर कार्यालय कर्मचारी संघ आदि। फरवरी 2000 में वे कलकत्ता के रीजनल ललित कला केन्द्र कलाकार-इन रेजिडेन्ट रहे। ब्रह्म ने महत्वपूर्ण कला पुस्तकों का असमिया भाषा में अनुवाद भी किया है।

सोभा ब्रह्म केन्द्रीय ललित कला अकादमी, नई दिल्ली एवं असम पाठ्यपुस्तक निर्माण निगम के पूर्व सदस्य रहे हैं। इस समय ब्रह्म गुवाहाटी के अनुन्दोरम बरूआ इन्स्टीट्यूट ऑफ लैंग्विज, आर्ट एवं कल्चर के उपाध्यक्ष के रूप में सेवारत हैं।

ब्रह्म ने 1977 में **असम शिल्पी दिवस पुरस्कार** प्राप्त किया। 1990 में असम सरकार **कलाकार पेंशन** अर्जित की और **कमल कुमारी बरूआ फाउंडेशन अवार्ड फॉर कल्चर** (राष्ट्रीय) 1991 में तथा इसके बाद 1996 में **असम राज्य विष्णु राभा पुरस्कार** अर्जित किये।

प्रकाशित कृतियां

भारतीय चित्रकला (असमिया अनुवाद), **गदान ऊजी** (बोडो), **शिल्पोकोला नोबोजोन्मो** (असमिया)

संपर्क

सोभा ब्रह्म
हाऊस नं.-215, धीरेनपारा,
गुवाहाटी, पोस्ट : धीरेनपारा,
जिला : कामरूप, असम-781025
फोन : 2471295

स्वर्ण प्रभा चैनारी

परिचय

स्वर्ण प्रभा चैनारी का जन्म 30 दिसम्बर, 1971 को गांव नपारा, पो.-हाउली, जिला-बरपेटा (असम) में हुआ। स्वर्ण प्रभा अपने पिता गिरीश चन्द्र चैनारी तथा माता जयन्ती चैनारी की सबसे बड़ी पुत्री हैं। वे संप्रति गौहाटी विश्वविद्यालय में प्रमुख आधुनिक भारतीय भाषा विभाग में व्याख्याता के पद पर कार्यरत हैं।

शिक्षा

चैनारी गुवाहाटी विश्वविद्यालय से एम.ए., एलएल.बी. हैं। आजकल वे पीएच.डी. पूरी करने के लिए **बोरो और गारो : तुलनात्मक भाषाई विश्लेषण** विषय पर शोध कार्य कर रही हैं।

अवदान

स्वर्ण प्रभा चैनारी बहुमुखी प्रतिभा संपन्न युवा साहित्यकार हैं। वे कविता, कहानियां, निबंध तथा समीक्षाएं लिखती हैं। साथ ही वे अंग्रेजी साहित्य की रचनाओं का बोरो तथा असमिया में अनुवाद भी करती हैं। चैनारी बोरो, असमिया तथा अंग्रेजी में लिखती हैं। **बोरो फावथाइनि बिजिरनाय** नामक बोरो नाटक पर उनकी समीक्षा की एक पुस्तक प्रकाशित हुई है। अंग्रेजी तथा असमिया भाषा से बोरो भाषा में उनकी चार अनुवादित पुस्तकें भी छपी हैं। चैनारी के शोध पेपर असम के तीन मुख्य जनरल्स में हैं। वे लिंग्विस्टिक सोसाइटी ऑफ पुणे और असम रिसर्च सोसाइटी असम की सदस्या भी हैं। उन्होंने राष्ट्रीय, अन्तर्राष्ट्रीय सेमिनार तथा वर्कशाप में भागीदारी भी की है तथा कई शोध-परक परचे भी पढ़े हैं। एक शोध का पर्चा था–**बोरो और गारो : तुलनात्मक भाषाई विश्लेषण।**

प्रकाशित कृतियां

बोरो फावथाइनि बिजिरनाय (बोरो नाटक की आलोचना)–2002 **बेंजामिन फ्रेंकलिन** (असमिया से अनूदित)–2002, **एत'वा मुन्दाया दावहायाव देरहाबाय** (अंग्रेजी से

अनूदित), **दोंसे खैफोदनि सोलो** (अंग्रेजी से अनूदित), **खेबसे गंसे गामियाव, ज़्वंगनी बुहुम** (असमिया से अनूदित)। ये सभी नेशनल बुक ट्रस्ट, नई दिल्ली द्वारा प्रकाशित हैं। उनकी एक अन्य अनूदित पुस्तक है – **ज्वड.गी बुहुम**।

संपर्क

स्वर्ण प्रभा चैनारी
डिपार्टमेंट ऑफ एम.आई.एल. गौहाटी यूनिवर्सिटी
जी.एन.बी. नगर, गुवाहाटी-14
फोन : 03621-241436

मनोरंजन मारक

परिचय

मनोरंजन मारक का जन्म बांगलगांव जिले के उपक्षेत्र बिजनी के बालमगुरी (ऑक्सीगुरी) गांव में 25 अप्रैल, 1946 को हुआ था। वे गारो समुदाय के है और असम के अनुसूचित जनजाति (पी) के अंतर्गत आते हैं। उनके पिता मेधार संगमा थे और उनकी माता दामिनी मारक थी। मारक के माता-पिता की मृत्यु मारक के बचपन में हो गई थी और परिणामस्वरूप उन्हें अपना मूलगांव छोड़ना पड़ा और अपने संबंधियों के साथ उत्तरी सालमारा में रहना पड़ा। उनकी पत्नी रेनुका संगमा 1998 में स्वर्ग सिधार गईं। मारक जिला स्तर के फुटबाल खिलाड़ी भी थे और उन्होंने कई शील्ड्स पुरस्कार स्वरूप जीते। अभी वे एक अध्यापक के रूप में काम कर रहे हैं। वे गारो बैप्टिस्ट यूनियन गवर्नमेंट प्रोविन्शियलाइज़्ड एम. ई. स्कूल में सहायक अध्यापक के पद पर 1967 में नियुक्त हुए और 1990 में प्रधानाध्यापक के पद पर पदोन्नत हुए। 31 मार्च, 2004 को वे सेवानिवृत्त हुए।

शिक्षा

मारक ने अपनी हाईस्कूल शिक्षा उत्तरी सालमारा में शुरू की। मैट्रिक की परीक्षा 1961 में नॉर्थ सालामरा दुर्गा प्रसाद मेमोरियल हाईस्कूल गुवाहाटी से तथा गौहाटी विश्वविद्यालय के अभयपुरी कॉलेज से 1975 में ग्रेजुएशन परीक्षा पास की।

अवदान

मारक एक गारो लेखक हैं। आमतौर पर वे अंग्रेजी या गारो भाषा में लिखने की बजाय असमिया में लिखा करते हैं, क्योंकि वे यह महसूस करते हैं कि भाषा की सीमा के कारण पारंपरिक गारो संस्कृति के अधिकांश पक्ष गैर-गारो लोग (सिवाय कुछ लोगों के, जो उच्च शिक्षा प्राप्त हैं) से परिचित नहीं हो पाते हैं। इस उद्देश्य से प्रेरित होकर ही वे एक स्वतंत्र पत्रकार बन गए और एक दैनिक पत्र **दैनिक असोमिया** में उन्होंने एक अवैतनिक संवाददाता के रूप में काम करना शुरू किया। उनके असमिया भाषा में लिखे गए गारो समुदाय पर लेख कई असमिया पत्रों यथा **द असम बानी, द अग्रदूत, द नूतन दिन** और **असोमिया खोबोर** में छपे। गोजानन

रॉय द्वारा संपादित अंग्रेज़ी भाषा पत्रिका **ऑनेस्टी** में उनके लेख आदि छपते रहे हैं। वे गारो मैगज़ीन **बालगवा** (ब्लॉसम) 1990 के मुख्य संपादक रहे। मारक की तीन पुस्तकें प्रकाशित हो चुकी हैं और दो प्रकाशनाधीन हैं।

उन्हें निर्धनता के कारण बड़ी दयनीय अवस्थाओं के बीच अपनी पढ़ाई पूरी करनी पड़ी। उन्होंने सैंट्रल इन्स्टीट्यूट ऑफ इंडियन लैंन्गुएज, मैसूर द्वारा आयोजित कार्यशाला में 2 से 6 जून 1992 तक भाग लिया। यह कार्यशाला नॉर्थ ईस्ट हिल्स यूनीवर्सिटी, शिलांग में हुई। इसमें उन्होंने गारो समुदाय के संबंधों की शब्दावली पर एक पर्चा प्रस्तुत किया। बाद में उन्होंने पुनः सैंट्रल इन्स्टीट्यूशन, मैसूर के द्वारा आयोजित मणिपुर विश्वविद्यालय, डिबरूगढ़ यूनिवर्सिटी और गौहाटी विश्वविद्यालय में हुए सेमिनारों में भाग लिया और गारो भाषा पर अपना पर्चा प्रस्तुत किया।

प्रकाशित कृतियां

खगारपुर महारानी पुजार छोमु बिबारन—2000, **गारो भाषा सिख्सार पटोनि**—1989, **गारो सोकोलार जातीय उत्सोव वंला**—1986-87.

गारो सोमाजोर रिति-निति—भाग-१ प्रकाशनाधीन है।

पत्रिकाओं में प्रकाशित आलेख

रूट ऑफ दि गारोज फोक बिलीफ्स—1992, **मैरिज सिस्टम ऑफ दि गारो सोसाइटी**—1987, **दि गारोज ऑफ असम एंड दियर प्रोबलम**—'अजीर बाटोरी' में प्रकाशित, **क्रिएशन ऑफ विडो मैरिज इन एनशंट गारो सोसायटी**—'दीपक' में 1965 में प्रकाशित, जिसका संपादन असम के मशहूर लेखक दिवंगत अतुल हजारिका ने किया, **एक्टीविटीज ऑफ द गारो विमिन इन द लाइफ ऑफ गारो सोसायटी**—'गोलपित्तिका' में प्रकाशित।

संपर्क

मनोरंजन मारक
गांव : खगारपुर
पो. : खगारपुर,
जिला : बोंगाईगाँव, पिन : 783383 (असम)

बिडोर सिंह क्रो

परिचय

बिडोर सिंह क्रो का जन्म 27 जून, 1957 को असम में हुआ। वे कार्बी आंग्लोंग जिले के रोंग्थेआंग डिफू गांव के रहने वाले हैं। वे कार्बी जनजाति के हैं।

शिक्षा

बिडोर सिंह क्रो स्नातक हैं।

अवदान

बिडोर सिंह क्रो कार्बी और असमिया भाषा में गद्य लेखन तथा कविता करते हैं। सर्जनात्मक प्रतिभा के धनी बिडोर सिंह क्रो ने कई पुस्तकें लिखी हैं। उनकी दो पुस्तकें कार्बी भाषा में हैं। उनका अधिकांश लेखन कार्बी समाज पर केंद्रित है। वे कविताएं, निबंध, कहानियां तथा उपन्यास भी लिखते हैं और अपने लेखन के लिए रोमन तथा असमिया दोनों लिपियों का प्रयोग करते हैं।

1978 में वे **कार्बी लाममेट अमेई** द्वारा काव्य पुरस्कार प्राप्त कर चुके हैं। इसके अतिरिक्त वे लोंग्चौर प्रकाशन द्वारा **लोंग्चौर अवार्ड** से भी सम्मानित किए जा चुके हैं।

वे कार्बी साहित्य सभा **लाममेट अमेई** के अध्यक्ष भी हैं। एक काव्य संग्रह, उपन्यास तथा एक-एक कहानी एवं निबंध संकलन प्रकाशनाधीन है। उनकी कविताएं एवं आलेख **सप्तर्खी** पत्रिका में भी प्रकाशित हुए हैं। उनकी कविताएं, कहानियां एवं आलेख कार्बी तथा असमिया पत्रिकाओं में प्रकाशित हुए हैं।

प्रकाशित कृतियां

अकेमी कार्बी लामथे अमारजोंग (कार्बी शब्दकोश)–2002, **रूप ताइनेह**–1998, कार्बी लाममेट अमेई, डीफू द्वारा प्रकाशित । **लरटा** (कार्बी लोकगीतों का संग्रह)।

संपादित पुस्तकें

पेंगसोमिर (कार्बी के प्रतिनिधि प्रतीकात्मक लोक-गीतों का संग्रह), **दामपिजुक चिंग्दी** (कार्बी के विभिन्न कवियों की आधुनिक कविताओं का संग्रह), **जुतांग अमुंग**

(कार्बी संस्कृति तथा परंपराओं पर कार्बी लेखकों के निबन्धों का संकलन), **अदमासर** (कर्बियों का वैवाहिक परंपरा), प्राथमिक स्कूल हेतु कार्बी भाषा की अन्य पाठ्यपुस्तकें।

प्रकाशनाधीन पुस्तकें

सेंग्वे (कविता संग्रह), **पिरथी केप्लांग** (पृथ्वी की उत्पत्ति के कार्बी मिथक), **जंगरेसो** (कार्बी लोक-कथा के अजनबी नायक की कथा), **रूपत चेथी** (कहानी संग्रह), **अतुर केमी** (उपन्यास, कार्बी पत्रिका **मंजिर** में धारावाहिक रूप से प्रकाशित।

संपर्क

बिडोर सिंह क्रो
रोंग्थे-आंग, पो. : डिफू-782460
जिला : कार्बी आंग्लोंग (असम)
फोन : 03671-73522 (घर)

बोंग्लोंग तेरांग

परिचय

बोंग्लोंग तेरांग 1909 में दिल्लाई पोर्बत, असम में पैदा हुए। उनके पिता तेरांग एक प्रमुख सामाजिक नेता थे तथा उनकी मां करेंग तिस्सोपी गृहिणी। 1997 में उनका देहावसान हुआ।

शिक्षा

तेरांग की शिक्षा असम के शिवसागर जिला अंतर्गत गोलाघाट नामक स्थान में हुई पर उन्होंने शिक्षा पूरी करने के पूर्व ही स्कूल छोड़ दिया।

अवदान

बोंग्लोंग तेरांग कार्बी लेखक थे। तेरांग ने कार्बी-त्योहार, कार्बी-गीत, कार्बी-लोककथाओं की समृद्ध विरासत का अध्ययन एवं दस्तावेजीकरण करने के लिए असम भर में व्यापक रूप से भ्रमण किया। तेरांग का अधिकांश लेखन कार्बी रीति-रिवाजों के बारे में है। कार्बी विधि तथा न्याय व्यवस्था पर भी उनका महत्त्वपूर्ण लेखकीय योगदान है। उन्होंने कार्बी कानून और न्याय के मुद्दों पर महत्त्वपूर्ण दस्तावेज एकत्रित किए। कानून पर उनकी तीन पुस्तकें प्रकाशित हुईं हैं।

प्रकाशित कृतियां

आदाम आसार (विवाह नियम)–1936, **रुकासेन**–1936 **हा-इ**–1936, **कार्बी कोपूसन, कार्बी आरेन अर्तेंग एवं रांग्लीन, तिपुत और कार्बी चोरांगजी।**

हंग मिजि हान्से

परिचय

कार्बी जनजाति के श्री हंग मिजि हांसे का जन्म 22 दिसंबर, 1962 को हुआ। वे असम के कार्बी आंग्लोंग जिले में होंग्क्राम नामक स्थान में रहते हैं और सरकारी सेवा में हैं।

शिक्षा

हंग मिजि हांसे मेकेनिकल इंजीनियरिंग में स्नातक हैं।

अवदान

हंग कार्बी, असमिया तथा अंग्रेजी में कविता तथा कहानियां लिखते हैं। उनकी दो पुस्तकें क्रमशः 1990 तथा 2001 में प्रकाशित हुईं। आजकल वे **कार्बी जाति का इतिहास** लिखने में व्यस्त हैं।

प्रकाशित कृतियां

प्लीप्ली नेनिप्रू–1990 और **लोंग्चापसारपो**–2001

संपर्क

हंग मिजि हांसे
79, गांव : होंग्क्राम,
गांव/ पोस्ट : होंग्क्राम,
जिला : कार्बी आंग्लोंग, पिन : 782450 (असम)

जॉन तिमुंग

परिचय

जॉन तिमुंग का जन्म 1 जनवरी, 1958 को हुआ। सम्प्रति वे असम के कार्बी आंलाङ जिले में हिडीपी स्थित सेंट थॉमस चर्च में पादरी हैं। वे संगीत एवं शिक्षण के कार्य में भी संलग्न हैं।

शिक्षा

जॉन तिमुंग धर्मशास्त्र में एम.ए. हैं।

अवदान

जॉन तिमुंग मुख्य रूप से साहित्यिक लेख लिखते हैं और अनुवाद करते हैं। उनकी प्रकाशित कृतियों में छह किताबें हैं। **अरनाम अलम** जो उनकी पहली पुस्तक है 1990 में प्रकाशित हुई थी। 1993 ई. से कार्बी मासिक पत्रिका **'सम्फ्री अतुर'** का संपादन भी कर रहे हैं।

प्रकाशित कृतियां

आदम असर अरोन–2002 तथा **गिटार का कार्देङ कचरली किताब**–I, **सिनीङ अतोवर**–2000, **बिबिल कङथिर**–2000 **हेम्फू अरनी कर्दोम कर्दी अरोन**–1994।

सम्पर्क

जॉन तिमुंग
बिशप्स हाउस,
पो. : दिफू, जिला : कार्बी आंलोङ
असम पिन : 782406
दूरभाष : 03675-213158

लोंग्कॉन तेरॉन

परिचय

लोंग्कॉन तेरॉन का जन्म असम के तत्कालीन जिले नोवगाओग के गांव डोकमोकाम में सन् 1936 में हुआ था। इनके पिता दिप्लू तेरॉन एवं माता सांगपी काचाई हंसेपी थीं।

लोंग्कॉन तेरॉन को कार्बी समुदाय के महान सुपुत्रों में से एक समझा जाता है। डाक्मोका एम.ई. स्कूल में कुछ वर्षों तक अध्यापन करने और बाद में प्रधानाध्यापक के पद पर कार्य करने के बाद वे जिला काउंसिल के अधीन जनसंपर्क अधिकारी नियुक्त किए, जहां वे एक ईमानदार व कुशल अधिकारी के रूप में प्रतिष्ठित हुए। वे पहले कार्बी अदोरबार संगठन के सचिव रहे और बाद में अध्यक्ष। 1966 में वे कार्बी लाममेट आमेई के अध्यक्ष चुने गये।

शिक्षा

लोंग्कॉन ने डोक्मोकाम की कामपुर हाईस्कूल से हाईस्कूल तक की शिक्षा प्राप्त की। पारिवारिक परिस्थितिवश उनकी शिक्षा आगे जारी नहीं रह सकी।

अवदान

उनका अधिकांश लेखन कार्बी भाषा से ही सम्बद्ध है। उनकी प्रकाशित पुस्तकों में प्रमुख हैं **रोंग्केसोंग** (फॉर्मेशन ऑफ मोडल) और **सार लामथे** (कार्बी मुहावरे व वाक्यांश) उन्होंने प्राथमिक कक्षाओं के लिए शैक्षणिक पाठ्यपुस्तकें लिखी। उन्होंने कार्बी टैक्स्ट बुक कमिटी के सचिव के रूप में अपना योगदान दिया। वह असम साहित्य सभा के उपाध्यक्ष भी रहे।

प्रकाशित कृतियां

रोंग्केसोंग (फार्मेशन ऑफ मॉडल), **सार लामथे** (कार्बी वाक्यांश व मुहावरे), **ताम हिंदी** (क, ख), **दनपिक्युक** (श्रेणी 'ए'), **किताब लिमी** (I, II, III), **लाम मार्जोंग** (श्रेणी 'ए'), **कार्बी तानागुरथी.**

संपर्क

लोंग्कॉन तेरॉन
द्वारा–द कार्बी आंग्लोंग बस एसोसिएशन,
पोस्ट : डिफू, पिन : 782460,
जिला : कार्बी आंग्लोंग (असम)
फोन : 03671-273942 (आवास)

लुन्से तिमुंग

परिचय

लुन्से तिमुंग असम के सिबसागर जिले के गांव दिलोजान दोन तिमुंग गांव में सन् 1942 में पैदा हुए थे। उनके पिता कानिया तिमुंग थे एवं माता काजोर तेरांगपी थीं।

वे मात्र 4 वर्ष के थे जब उन्हें उन्हें मां की मृत्यु का दुःख झेलना पड़ा। अपने कैरियर के आरंभ में वे अध्यापक रहे, पहले प्राथमिक स्कूल में और बाद में एम. ई. स्कूल चोकीहोला में। इसके बाद वे कार्बी डिस्ट्रिक्ट काउन्सिल के अधीन स्कूलों के सहायक सब-इन्सपैक्टर बन गये। 1978 में उन्होंने यह नौकरी छोड़ दी और राजनीति में आ गये और वे दो बार डिस्ट्रिक्ट काउन्सिल के सदस्य रहे। सामाजिक संगठनों में भी वे काफी सक्रिय रहे।

वे **कार्बी रिसो अदोरबार** (कार्बी युवा संगठन) के अध्यक्ष व कार्बी अदोरबार के सचिव रहे। सन् 1997 में वे **कार्बी लाममेट आमेई** के उपाध्यक्ष चुने गये और 1991 व पुनः 1992 में इसी संगठन के सभापति रहे।

शिक्षा

तिमुंग ने अपनी शिक्षा 6 वर्ष की आयु से शुरू की। प्राथमिक शिक्षा के बाद आदिवासी सेवा समिति राजस्थान की एक शाखा सरीहजान सेवा केन्द्र में भर्ती हो गये, जहां से उन्होंने 1963 में हाई स्कूल पास किया। फिर उन्होंने देवराज रॉय कॉलेज गोलाघाट में दाखला लिया। परन्तु बाद में उन्होंने यह कॉलेज छोड़ दिया और पहले प्री-यूनिवर्सिटी एवं उसके बाद बी.ए. पार्ट-I डिफू कॉलेज, डिफू से क्रमशः सन् 1968 व 1971 में किया।

अवदान

लुन्से तिमुंग सामाजिक मुद्दों पर लिखते हैं। वे सामाजिक और पारंपरिक विधि पर लिखी गई अपनी पुस्तकों के लिए जाने जाते हैं। उन्होंने शैक्षणिक पाठ्यक्रम की पुस्तकों को भी सम्पादित किया है।

प्रकाशित कृतियां

कार्बी अरोन अजुतांग (रीति-रिवाज), **चोती चोतोर** (सामाजिक संहिता) और **कानबाला काम्बाता** (सांस्कृतिक विश्वास)।

संपर्क

लुन्से तिमुंग
गांव/शहर : लुरु लांग्सो, पोस्ट : डिफू-782460
जिला : कार्बी आंग्लोंग, (असम)

फुकन चन्द्र फांग्चो

परिचय

फुकन चन्द्र फांग्चो का जन्म कार्बी जनजाति के एक मध्यम वर्गीय किसान परिवार में 31 अक्तूबर, सन् 1946 में हुआ। वे असम के कामरूप जिले के पानबारी गांव में पैदा हुए। वे असमिया एवं अंग्रेजी दोनों भाषाओं में अधिकांशतया निबंध लेखन करते हैं। वे असम के कार्बी अंगलोंग जिले में डोंग्कामुकाम में रहते हैं। उनके साथ उनकी पत्नी जो एक स्थानीय हाई स्कूल में अध्यापिका हैं, उनके तीन पुत्र जो कॉलेज में शिक्षारत हैं एवं उनकी 90 वर्षीया माता रहती हैं। वर्तमान में ये रांग्सीना कॉलेज के प्राचार्य हैं।

1998 में भारत की आजादी की स्वर्णजयन्ती के अवसर पर जिला प्रशासन की ओर से उन्हें एक शिक्षाविद् के रूप में सम्मानित किया गया। 1999 में इन्टरनेशनल पब्लिशिंग हाउस द्वारा उन्हें भारत के सर्वश्रेष्ठ नागरिक का पुरस्कार भी दिया गया।

शिक्षा

फांग्चो ने प्रारंभिक शिक्षा अपने गांव में ही ली। सैकेन्डरी व हायर सैकन्डरी शिक्षा के लिये उन्हें गुवाहाटी जाना पड़ा। 1971 में एम.एस.सी. करने के बाद वे शिलांग चले गये जहां उन्होंने एक कॉलेज में भूगोल अध्यापन का कार्य किया। सन् 1990 में उन्हें पी-एच.डी. प्रदान की गई।

अवदान

फांग्चो की पांच पुस्तकें प्रकाशित हो चुकी हैं। असमिया व अंग्रेजी पत्रिकाओं में इनके कई लेख, जिनमें अधिकतर शोध निबन्ध हैं, प्रकाशित हुए हैं। ये एक चित्रकार व गायक हैं। कार्बी लोक संस्कृति व कला पर केन्द्रित उनकी पेटिंग्स की प्रदर्शनियां जिला व राज्य दोनों स्तरों पर आयोजित हुई हैं। गुवाहाटी की शंकरदेव कलाक्षेत्र आर्ट गैलरी में भी उनके चित्रों को प्रदर्शित किया गया।

वे असम साइन्स सोसायटी की रोंग्खांग शाखा एवं कार्बी आंग्लोंग कॉलेज प्रिंसिपल्स काउन्सिल के संस्थापक रहे हैं। वे कार्बी आंग्लोंग जिला साहित्य सभा के अध्यक्ष एवं जिला शिक्षा परिषद् के सदस्य भी रहे हैं।

प्रकाशित कृतियां

दि कार्बी ऑफ नार्थ-ईस्ट इंडिया (अंग्रेजी)–2003, **साबिन अलुन** (कार्बी रामायण का अंग्रेजी अनुवाद)–2002, **कार्बी आंग्लोंग एंड नार्थ कचार हिल्स** (अंग्रेजी)–2001, **प्रबंध संकलन** (असमिया और अंग्रेजी)–2000, **प्रऔत्ति अरू मनुह** (असमिया)–1999.

संपर्क

डॉ. फुकन चन्द्र फांग्चो
हाउस नं.-45/टी.सी, डोंग्कामुकाम
जिला : कार्बी आंग्लोंग–782485 (असम)

पोरेशचन्द्र रोंग्फार

परिचय

पोरेशचन्द्र रोंग्फार का जन्म, असम के पूरवर्ती मिकिर हिल्स के पास सिबसागर जिले के पोरोजन गांव के एक कार्बी जनजाति परिवार में 14 जनवरी, 1932 को हुआ। उन्होंने 1972 में राजकीय सेवा में प्रवेश किया। वे **तुंग ए लोंग्कुमार** के उपनाम से लेखन करते हैं।

शिक्षा

रोंग्फार ने कुछ समय के लिये डूबोरोय एल.पी. स्कूल में 12 वर्ष की आयु में शिक्षा प्राप्त की परन्तु उन्हें दूसरे विश्वयुद्ध के दौरान हुए जापानी हमले के कारण यह स्कूल छोड़ना पड़ा। वे पुनः 1946 में इस स्कूल में प्रवेश लेने में सफल हो पाए। सन् 1961 में उन्होंने गोलाघाट टाउन हाईस्कूल में प्रवेश लिया और सारिहाजान हाईस्कूल से 1965 में मैट्रिकुलेशन परीक्षा पास की।

अवदान

रोंग्फार ने 1961 में कार्बी में उपन्यास, लघुकथा एवं कविता लिखना आरंभ किया। कार्बी में अभी उनकी एक काव्य पुस्तक प्रकाशित हुई है।

रोंग्फार को **कार्बी साहित्य** सभा द्वारा 1998 में पुरस्कृत किया गया।

प्रकाशित कृतियां

वोराली आहिर—1999

संपर्क

पोरेशचन्द्र रोंग्फार
नजदीक टी.वी. सेंटर
गांव : चिफोंगचिंग्री,
पो. : दिसामा, जिला : कार्बी आंग्लोंग, पिन : 782460 (असम)
दूरभाष :03671-274115 (का.) 03671-275482 (आ.)

रोंग्बोंग इंग्ती काथार

परिचय

रोंग्बोंग इंग्ती काथार का जन्म 1 मार्च, 1946 को हुआ। उनके पिता हेमारी इंग्ती काथार मैदानी क्षेत्र की कार्बी जनजाति के थे। रोंग्बोंग, बरबोहा उच्च विद्यालय में शिक्षण कार्य करते हैं तथा आजकल बरबोहा कार्बी गांव, जिला नगाँउ, असम में रहते हैं।

शिक्षा

रोंग्बोंग गौहाटी विश्वविद्यालय के नगाँउ महाविद्यालय से कला स्नातक हैं।

अवदान

विभिन्न पत्र-पत्रिकाओं में प्रकाशित उनकी कृतियों में कार्बी तथा असमिया भाषा में कविताएं, कहानियां, नाटक तथा निबंध शामिल हैं। उनकी तीन पुस्तकें : एक कविता-संग्रह, एक आत्मकथा तथा कार्बी भाषा में एक पुस्तक अभी तक प्रकाशित हुए हैं। उन्होंने कुछ वार्षिक पत्रिकाओं **ओवेकिमी** (1967 में) तथा **स्मारनिका** (1990 में) तथा **शिखायाब्रती** (1992 में) का संपादन भी किया। इसके अतिरिक्त वे आल इंडिया रेडियो, गुवाहाटी से शैक्षिक, सामाजिक तथा सांस्कृतिक विषयों पर कार्बी भाषा में प्रसारित रेडियो वार्ताओं में भी भाग लेते रहे हैं।

कार्बी लाममेट अमेई (कार्बी साहित्य सभा), डिफू द्वारा साहित्यिक योगदान के लिए उन्हें प्रमाणपत्र भी प्रदान किया गया है।

प्रकाशित कृतियां

भिनासुर (कविता-संग्रह)—1982, **शिखर बोन्ती नीला कान्ता बोराककाती** (आत्मकथा)—1982, **आलाम चारलिनांग** (कार्बी भाषा में)—1997.

संपर्क

रोंग्बोंग इंग्ती काथार
न.-6, बरबोहा कार्बी गांव,
एटी/पोस्ट : बरबोहा,
जिला : नगॉउ, पिन : 782445 (असम)
फोन : 284067 (घर) 284144 (कार्या.)

रोंगबोंग तेरांग

परिचय

कार्बी परिवार में जन्मे रोंगबोंग तेरांग असम के प्रमुख लेखक हैं। वे असमिया भाषा में लिखते हैं। वे डिफू गवर्नमेंट कालेज में प्रोफेसर थे, जहां से सेवानिवृत्त हो चुके हैं।

प्रकाशित कृतियां

रोंगमिलिर हनहे (असमिया उपन्यास), **रोंगमिली की मुस्कान** (रोंगमिलिर हनहे का हिन्दी अनुवाद), **क्रांतिकलोर अश्रु** (असमिया उपन्यास), **वनफरिंगर गीत** (असमिया उपन्यास), **कार्बी साहित्य संस्कृतिर अभुमुकी** (असमिया निबन्ध), **नीला आर्किड** (असमिया कहानियां), **कार्बी सधु** (असमिया में कार्बी लोककथाएं), **कार्बी असोमिया पाठ** (पाठ्य पुस्तक), **डोला अलुन** (कार्बी लोकगीत), **नेलुनने लम्थे** (दिवंगत कनम हंसेपी की कविताओं का संग्रह), **श्रीमद भागवत गीता** (कार्बी भाषा में गीता का अनुवाद), **कार्बी लम्तसम** (कार्बी की पाकेट डिक्शनरी)।

अवदान

श्री रोंगबोंग तेरांग कार्बी भाषी प्रमुख कथाकार एवं उपन्यासकार हैं पर वे लेखन कार्य असमिया में करते हैं। उन्होंने असमिया भाषा में कार्बी लोक कथाओं को प्रस्तुत करने का महत्वपूर्ण काम किया है। इसके अतिरिक्त उन्होंने कुछ अनुवाद कार्य भी किया है जिसमें श्रीमद्‌भागवत गीता का कार्बी भाषा में अनुवाद उल्लेखनीय है।

सामसोनसिंग इंग्ती

परिचय

दिवंगत सामसोनसिंग इंग्ती असम के सिबसागर जिले में गोलाघाट नामक स्थान में 1923 में पैदा हुए थे। उनके पिता थोंग्कुरसिंह इंग्ती गोलाघाट स्थित मिशन कम्पाउन्ड में रहते थे। कुछ वर्ष शिक्षा का काम करने के बाद वे विद्यालय उपनिरीक्षक नियुक्त हुए। इस पद पर काम करते हुए उन्होंने असम का व्यापक भ्रमण किया और कार्बी समुदाय के लोगों को आधुनिक जीवन अपनाने को प्रोत्साहित किया। 1945 में उन्होंने यह नौकरी छोड़ दी और कार्बी आदोरबार के महासचिव का दायित्व संभाला। इस संस्था के साथ अपने जुड़ाव के दौरान वे अपने इस बहुमूल्य योगदान के लिए याद किए जाते हैं। एक पृथक कार्बी जिले के लिए उन्होंने आंदोलन चलाया, जिसकी परिणति 1951 में यूनाइटेड मिकिर तथा नॉर्थ कछार हिल्स डिस्ट्रिक्ट के निर्माण में हुई। हालांकि 1974 में यह जिला कार्बी आग्लोंग स्वायत्त जिला के रूप में अस्तित्व में आया पर इंग्ती अपने सपने को साकार होते देखने को जीवित नहीं रहे। 1948 में पैंतीस वर्षों की अल्पायु में ही इंग्ती का देहावसान हो गया था। उनकी मृत्यु से कार्बी समाज को बड़ी क्षति हुई।

शिक्षा

गोलाघाट में सामसोनसिंग इंग्ती की प्रारंभिक शिक्षा-दीक्षा हुई। कॉटन कॉलेज, गुवाहाटी से आई.ए. करने के बाद, उन्होंने मुरारीचंद कॉलेज, सिलहट में प्रवेश लिया और बी.ए. की पढ़ाई पूरी की।

अवदान

सामसोनसिंग इंग्ती एक कहानीकार थे। उन्होंने अपनी कहानी रचने की कला का इस्तेमाल कार्बी लोगों में ज्ञान तथा शिक्षा के प्रति अभिरुचि जगाने के लिए किया। इंग्ती अपनी कार्बी भाषा में लिखित अपनी कहानियों के लिए जाने जाते हैं। उन्होंने कार्बी में चार पुस्तकें लिखीं।

प्रकाशित कृतियां

बितुसो, तोमो पुरू, कालाउहा तथा ओसोमार असिताप (सभी कथा-संग्रह)।

चारु मोहन राभा

परिचय

चारु मोहन राभा का जन्म 25 फरवरी 1954 को असम के गोआलपाड़ा जिले के लखिपुर थानान्तर्गत चाटाबारी में हुआ। पिता कल्टूराम राभा तथा मां काफें बाला राभा के निर्धन तथा अशिक्षित होने के कारण इनका बचपन कठिनाइयों में गुजरा। वे गद्य लेखन के साथ-साथ कविता भी लिखते हैं। संप्रति वे असम राज्य विद्युत बोर्ड के धूपधारा विद्युत उपप्रमंडल में ए.ए.ओ. के पद पर कार्यरत हैं।

शिक्षा

राभा ने प्रारंभिक शिक्षा अपने गांव में स्थित निम्न प्राथमिक विद्यालय तथा बायदा एम.वी. स्कूल में पाई। 1972 में नेहरू विद्यापीठ उच्च विद्यालय से मैट्रिक करने के बाद वे कॉलेज की शिक्षा नियमित छात्र के रूप में जारी नहीं रख पाए। स्वतंत्र छात्र के रूप में उन्होंने बी.ए. किया तथा 1988 में इंस्टीट्यूट ऑव एस्ट्रोलॉजिकल रिसर्च प्रोजेक्ट, कोलकाता से नक्षत्र विज्ञान का कोर्स किया।

अवदान

प्राथमिक स्कूल में पढ़ाई के समय से ही राभा लेखन करते रहे हैं। उनकी कविताएं तथा लेख असमिया तथा राभा भाषा की विभिन्न पत्र-पत्रिकाओं में छप चुके हैं। उनकी दो पुस्तकें–**गोवालपरीया संस्कृतिर दुखरिया छबी** एवं **राभा क्रामिची रुबुं चाक** प्रकाशनाधीन है। इनके अतिरिक्त असमी-राभा-लेक्सकॉन भी प्रकाशनार्थ तैयार हैं।

राभा मेचपारा मध्यांचल राभा समाज, बायदा के सन् 2000 से अध्यक्ष हैं एवं ऑल राभा साहित्य सभा (बेबाक राभा क्राउरां रुनचुम) के संयुक्त सचिव भी रह चुके हैं।

सन् 1999 में उन्होंने एस्ट्रोगाइड, बारासाट, कोलकाता से **ज्योतिष वाचस्पति सम्मान** भी प्राप्त किया।

प्रकाशित कृतियां

मनिमाला–2003, राभा क्राउ-मिचिनि हालसा–2000, राभा संस्औतिर चमु परिचय–2000, खुसुमब्रिप पार–1998, राभा बीर दवान मारु क्षेत्री–1997।

संपर्क

चारू मोहन राभा
मकान सं. 33, ग्राम : चाटाबारी
पो. : जुरिगाँव, जिला : गोआलपारा : 783120 (असम)

उपेन राभा हकचम

परिचय

उपेन राभा हकचम का जन्म 8 जनवरी, 1963 में जिला गोआलपारा असम के छतवारी गांव में एक आदिवासी परिवार में हुआ। हकचम अपनी जनजातीय भाषा राभा में कविता, नाटक एवं कथा-साहित्य लिखते हैं। हकचम ने छात्र रहते हुए ही शिक्षण का कार्य प्रारम्भ कर दिया था। उन्होंने एक स्कूल में दो वर्षों तक विज्ञान पढ़ाया। वे असम अजायबघर के निदेशालय में छह वर्षों तक प्रभारी अधिकारी के पद पर कार्यरत रहे। 1992 में वे पुनः शिक्षण के काम पर वापिस लौटे और गौहाटी विश्वविद्यालय, असम में लेक्चरर का पद ग्रहण किया। सम्प्रति वे उसी विश्वविद्यालय में रीडर के पद पर कार्यरत हैं। एकमात्र हकचम ही ऐसे व्यक्ति हैं जो राभा भाषा की उपभाषा मायतोरी बोलते हैं तथा अकादमी स्तर पर इतने ऊंचे पद पर पदस्थापित हुए हैं।

शिक्षा

हकचम ने प्राथमिक शिक्षा अपने गांव में प्राप्त की। उन्होंने बोएडा हाई स्कूल से मैट्रिक तथा बी.पी.सी. कॉलेज नगरबेरा से 1984 में बी.ए. की डिग्री प्राप्त की। उन्होंने 1988 में गौहाटी विश्वविद्यालय से स्नातक की शिक्षा प्राप्त की एवं वहीं से पीएच.डी. की, जिसका विषय था, **राभा एवं असमिया भाषा : एक तुलनात्मक अध्ययन**।

अवदान

हकचम ने छात्र जीवन से ही लेखन आरम्भ कर दिया था। राभा भाषा-साहित्य एवं संस्कृति पर उनके लगभग दो सौ आलेख, असम की विभिन्न पत्रिकाओं एवं न्यूज बुलैटिन में छप चुके हैं। उन्होंने राभा भाषा में दो नाटक तथा विश्वविद्यालय के पाठ्यक्रम हेतु दो पुस्तकें असमिया में भी लिखी हैं। उन्होंने बच्चों के लिए नर्सरी राइम तथा भारतीय कथाओं की दो पुस्तकें सम्पादित भी की हैं। उनके द्वारा तैयार किया गया शब्दकोष तथा व्याकरण की पुस्तक भी विश्वविद्यालय ग्रान्ट्स कमीशन के लिए एक बहुत महत्वपूर्ण योगदान है। कई अंग्रेजी तथा असमिया पत्रिकाओं में हकचम के अनेक आलेख छपे हैं। अंग्रेजी में उनके द्वारा सह-संपादित कुछ

पुस्तकें यथा **ए टाइपोलॉजिकल ग्रामर ऑफ राभा, राभा-आसामीज-इंगलिश डिक्शनरी** ए.बी.आई.एल.ए.सी. प्रकाशन से छपने वाली हैं।

प्रकाशित कृतियां

राभा भाषा में संपादित

साँग हसंगिनी खिरचा (भारतीय लोक-कथाओं का अनुवाद)–2000, **रंग्गिर परसुराम** (ड्रामा)–1998, **ममोरांगी मायना खुरांग** (नर्सरी राइम)–1997, **सती दयूमकची** (नाटक)–1987।

असमिया भाषा में

असमिया अरू असमार तिब्बत- बोरोनिया भाषा (भाषा विज्ञान)–2000, **राभाषा अरू साहित्य** (राभा भाषा संबंधी आलेखों का संग्रह)–1997, **असम साहित्य सभा पत्रिका** (राभा कविताओं का संकलन)–1997, **राभा बयाकंरम वाल्यू.**–II (राभा व्याकरण)–1993/1998।

अंग्रेजी भाषा में

सह-संपादन

लैंग्विज आफ नार्थ ईस्ट–1997

संपर्क

उपेन राभा हकचम
रीडर, यूनिवर्सिटी कैम्पस,
गौहाटी यूनिवर्सिटी, कामरूप : 781014 (असम)
दूरभाष : 0361-2573320
ई-मेल : rabhaupen@rediffmail.com

सन्देश बख्शाका

परिचय

सन्देश बख्शाका का जन्म 18 जून, 1961 को मेघालय में हुआ था। वे राभा जनजाति के सदस्य थे। वे वर्तमान में अध्यापन का कार्य कर रहे हैं।

शिक्षा

बख्शाका इग्नू से बी.ए. कर रहे हैं। वे असम राष्ट्र भाषा प्रचार समिति गुवाहाटी के अधीन **विशारद** कर चुके हैं।

अवदान

बख्शाका 1978 से ही राभा साहित्य का सर्जन कर रहे हैं और राभा साहित्य सभा को अपना सहयोग दे रहे हैं। वे एक उपन्यासकार, लघुकथा लेखक, कवि, नाट्यकार, कलाकार एवं चित्रकार है। ये राभा, असमिया और हिन्दी भाषा में लेखन करते हैं। ये राभा भाषा में गीतों की रचना करते हैं और आकाशवाणी तुरा से राभा आधुनिक गीत प्रसारित करते हैं। बख्शाका की अब तक दो पुस्तकें छप चुकी हैं।

प्रकाशित कृतियां

हसोंगी परचुंग (राभा कविता)–2002, **ओरिहंग**–1996, **बिंगब्रात** (पत्रिका)।

संपर्क

संदेश बख्शाका
निल 8,
पो. : फोटामाटी, जिला : वेस्ट गारो हिल्स,
मेघालय : 794109

पृथ्वी माझी

परिचय

पृथ्वी माझी का जन्म बौघपाड़ा टी स्टेट, असम में 24 जनवरी, 1951 को हुआ। वीरसिंह माझी उनके पिता थे। सीता माझी उनकी माता हैं। पृथ्वी माझी का विवाह तरुलता ककोती माझी के साथ हुआ। उनके दो पुत्र और दो पुत्रियां हैं। सम्प्रति वे असम विधान सभा के अध्यक्ष हैं।

शिक्षा

माझी ने डी.एच.एस. के. कॉलेज, डिब्रुगढ़ से बी.ए. किया तथा दिसपुर लॉ कॉलेज गौहाटी विश्वविद्यालय से कानून की डिग्री ली।

अवदान

संताल-असमिया-अंग्रेजी शब्दकोष के महत्त्वपूर्ण काम के लिए उन्हें विशेष रूप से जाना जाता है। माझी के निबन्ध विभिन्न पत्र-पत्रिकाओं में प्रकाशित हुए। प्रदेश एवं राष्ट्रीय स्तर पर कई साहित्यिक, सांस्कृतिक एवं सामाजिक संगठनों से सम्बद्ध हैं। वे ऑल इंडिया संताली राइटर्स एसोसिएशन के सदस्य भी हैं। उन्होंने कई सरकारी पदों पर भी काम किया है। 1996 ई. तथा पुनः 2001 में वे 117—लाहोवाल चुनाव क्षेत्र से विधान सभा के सदस्य चुने गए। 1984 से 1990 तक वे लोक सभा सदस्य भी रहे। शिक्षा के क्षेत्र में अध्यक्ष नार्थ ईस्ट रिजनल इंस्टीट्यूट ऑफ पार्लिमेन्टरी स्टडीज, ट्रेनिंग एंड रिसर्च इन खानापाड़ा गुवाहाटी के रूप में उनका महत्त्वपूर्ण योगदान है। असम टी गार्डन ट्राइब्स स्टूडेंटस एसोसिएशन के वे 1968 से 1978 तक सचिव भी रहे। ऑल असम संताल कमिटी के वे महासचिव हैं।

माझी ने व्यापक रूप में विदेश यात्रा की है। संयुक्त राष्ट्रसंघ के तत्वावधान में आयोजित इंडिजिनस पौपुलेशन कान्फ्रैंस के वर्किंग ग्रुप के 17वें अधिवेशन में शामिल होने के लिए जेनेवा की उनकी यात्रा उल्लेखनीय है। आस्ट्रेलिया, बंग्लादेश तथा कनाडा में सम्पन्न सी.पी.ए. के क्रमशः 48वें, 49वें और 50वें सम्मेलन में भी वे सम्मिलित हुए।

प्रकाशित कृतियां

संताल–असमीज–इंग्लिश डिक्शनरी (प्रकाशनाधीन)।

सम्पर्क

पृथ्वी माझी
अध्यक्ष, असम विधानसभा
दिसपुर, गुवाहाटी, (असम)

बीरेन बोरदोलोई

परिचय

बीरेन बोरदोलोई का जन्म 27 जनवरी, 1973 को हुआ। बीरेन बोरदोलोई तिवा समुदाय के हैं। संप्रति वे एक उच्च विद्यालय में अध्यापन कर रहे हैं।

शिक्षा

बीरेन बोरदोलोई विज्ञान में स्नातक हैं।

अवदान

बीरेन अपनी जनजातीय भाषा तिवा के अतिरिक्त असमिया, अंग्रेजी तथा हिन्दी में भी लेखन करते हैं। उनकी कविताएं **सप्तारखी** पत्रिका समेत विभिन्न पत्रिकाओं में प्रकाशित हुई हैं।

संपर्क

बीरेन बोरदोलोई
शंकर देव नगर, जोरापुखरी,
जिला : नगांव (असम)—782446
फोन : (पी.पी.) 03674-284017

राजेन्द्र नाथ बोरदोलोई

परिचय

राजेन्द्र नाथ बोरदोलोई का जन्म तिवा जनजाति के ललुंग समुदाय में हुआ। वे मुख्यतः असमिया में लिखते हैं। वे आजकल गुवाहाटी में अंबिकागिरि नगर में रहते हैं और सरकारी सेवा में हैं।

शिक्षा

बोरदोलोई ने बी.ए. तक की शिक्षा ग्रहण की है। उन्होंने गुवाहाटी, असम में असम राष्ट्र भाषा समिति की प्रवीण नामक उच्चतर परीक्षा भी पास की है।

अवदान

बोरदोलोई कवि, कथाकार, आलोचक तथा निबन्धकार हैं। वे असमिया तथा हिन्दी दोनों में लिखते हैं। बारदोलोई की अपनी कविताओं के तीन संकलन प्रकाशित हुए हैं। इसके अतिरिक्त उन्होंने कविताओं की दो चयनिकाएं भी संपादित की हैं।

प्रकाशित कृतियां

पुनश्वा–1999, **कविता बार्षिकी**–1997, **मातिर प्रेमत मानुह**–1992, **प्रभाहिता समय**–1987, **उरबर भूमित**–1984 एवं **कान्थास्वर**–1981 . इन्होंने तीन मनोविज्ञानिक काव्य-पुस्तकों का संपादन भी किया।

संपर्क

राजेन्द्र नाथ बोरदोलोई
अंबिकागिरि नगर, गुवाहाटी
पो. : जू रोड, जिला : कामरूप : 781024 (असम)
दूरभाष : 2206900 (निवास)
मो : 09435047675

मणिपुर

पैते/टेडिम भाषा

डॉ. टी.एस. गांगटे

परिचय

डॉ. टी.एस. गांगटे लगभग 66 वर्ष (1-2-2004 को) के हैं। वे मणिपुर के गांगटे जनजाति के हैं। उत्तर-पूर्व के पहाड़ी क्षेत्रों के पिछड़े जनजातीय लोगों में उच्च शिक्षा की व्यवस्था के लिए उन्होंने अथक परिश्रम किया है। उन्होंने राज्य एवं केन्द्र स्तर पर कई सरकारी एवं गैर सरकारी संस्थाओं, संगठनों एवं आयोगों आदि के निदेशक, अध्यक्ष, उपाध्यक्ष, सदस्य, आजीवन सदस्य आदि के रूप में अपना योगदान दिया है।

शिक्षा

उन्होंने दिल्ली विश्वविद्यालय के दिल्ली स्कूल ऑफ इकॉनॉमिक्स से समाजशास्त्र में एम.ए. किया। तत्पश्चात् कलकत्ता विश्वविद्यालय से मानवशास्त्र में पीएच.डी. की उपाधि प्राप्त की।

योगदान

चुराचन्दपुर गवर्नमेंट कॉलेज के 23 वर्षों तक संस्थापक प्राचार्य के रूप में काम दिया। उनकी प्रोन्नति मणिपुर के शिक्षा निदेशक के रूप में हुई। मणिपुर विश्वविद्यालय में कई पदों पर कई वर्षों तक कार्य किया।

प्रकाशित रचनाएं

- द कुकिज ऑफ मणिपुर-1993
- नेहरू एंड नॉर्थ-ईस्ट इण्डिया-1993
- अ सेंचुरी ऑफ गवर्नमेंट एंड पॉलिटिक्स इन द नॉर्थ-ईस्ट इंडिया (खण्ड-IV, मणिपुर-1991)
- "एंग्लों-कुकी वार, 1917-1919"
- "हवाई मस्ट की वी बी मिजो"-2005

सम्पर्क

भूतपर्व शिक्षा निदेशक, न्यू लाम्बू लेन, इम्फाल-1।

चिहानपम सारियो

परिचय

चिहानपम सारियो 12 सितम्बर, 1945 को पैदा हुए। वे अपने माता-पिता की ग्यारह संतानों में ज्येष्ठ हैं। उनके पिता एक राजकीय प्राथमिक विद्यालय में प्रधानाध्यापक थे। 1966 में मैट्रिक पास करने के बाद उसी वर्ष उन्होंने एक राजकीय मध्य विद्यालय में सहायक मैट्रिकुलेशन शिक्षक के रूप में नियुक्त हुए। आज कल उखरूल हायर सेकंडरी स्कूल मणिपुर में **तांगखुल** भाषा पढ़ाते हैं।

शिक्षा

चिहानपम सारियो की प्राथमिक शिक्षा मणिपुर के उखरूल जिले में हुई। उसके बाद उन्होंने शिलांग के संत एंथनी हाई स्कूल में दाखिला लिया पर मैट्रिक परीक्षा इम्फाल के एक अन्य स्कूल से 1966 में पास की। बाद में उन्होंने मणिपुर विश्वविद्यालय के पैटीग्रियू कॉलेज से प्री. यूनिवर्सिटी की परीक्षा भी पास की।

अवदान

सारियो ने अपने आदिवासी समुदाय की तांगखुल नगा भाषा में कई शैक्षिक पुस्तकें तैयार कीं। उन्होंने दूसरी, तीसरी, दसवीं तथा बारहवीं कक्षाओं की पाठ्य पुस्तकें तैयार करने का उल्लेखनीय कार्य किया।

वे तांगकुल साहित्य सोसाइटी के सदस्य भी रह चुके हैं। 1985 में मणिपुर सरकार द्वारा तांगकुल भाषा को शिक्षा के माध्यम के रूप में मान्यता दी गई। इसके अतिरिक्त वे मणिपुर विश्वविद्यालय के आग्रह पर तांगखुल भाषा का पाठ्यक्रम, जो 2005 के अकादमिक सत्र से लागू होगा, तैयार करने में लगे हैं।

मणिपुर राज्य सरकार द्वारा उन्हें 5 सितम्बर, 1995 को **राजकुमारी सनातोम्पी अवार्ड** दिया गया।

प्रकाशित कृतियां

सारियो ने तांगखुल नागा भाषा में कक्षा 2, 3, 10 **और** 12**वीं के लिए पुस्तकें लिखी।**

संपर्क

चिहानपम सारियो
अभूंगतांग नियर सेवियो स्कूल,
उखरूल : 795142 (मणिपुर)

एच. कमखेनथांग

परिचय

एच. कमखेनथांग का जन्म मणिपुर में 1 मार्च 1949 को हुआ था। उनके पिता स्व. रेवरैन्ड तायवेल थे। वे पैते समुदाय के सदस्य हैं। अभी वे मणिपुर सरकार के जनजाति व अनुसूचित जाति विकास निदेशालय के संयुक्त निदेशक (ट्राई.) हैं।

शिक्षा

एच. कमखेनथांग एम.एससी. हैं तथा उन्होंने **सोशल एन्थ्रोपोलॉजी** में पीएच.डी. की है।

अवदान

एच. कमखेनथांग कवि, कहानीकार व निबन्ध लेखक के अतिरिक्त अनुवादक एवं पत्रकार भी हैं। उन्होंने कई पुस्तकें लिखी तथा अनुवादित की हैं। वे कई पत्रिकाओं का संपादन एवं सह-संपादन भी कर चुके हैं।

कामखेनथांग के लेख आदि अनेक पत्र-पत्रिकाओं में प्रकाशित हो चुके हैं। वे **जौगम जुन्ना** एक वार्षिक शोध पत्रिका के कई वर्षों तक सम्पादक रहे। यह शोध जरनल **पैते** (Paite) भाषा में प्रकाशित किया जाता है।

एच. कमखेनथांग तीन बार मणिपुर राज्य कला अकादमी की जनरल काउंसिल के सदस्य रहे और दो बार उसी अकादमी की कार्यकारिणी समिति के सदस्य रहे। वे नॉर्थ ईस्ट इन्डिया काउन्सिल फॉर सोशल साइन्सेज रिसर्च, शिलांग के आजीवन सदस्य हैं। पैते (Paite) साहित्यिक सोसाइटी के बोर्ड ऑफ डाइरेक्टर्स के नार्थ ईस्ट जोनल कल्चरल सेन्टर्स फॉर कलकत्ता व दीमापुर स्थित आदिमजाति शिक्षा आश्रम के सलाहकार बोर्ड, मणिपुर, के दो वर्ष तक सदस्य रहे हैं और राज्य सरकार द्वारा नियुक्त विभिन्न विशेषज्ञ समितियों के सचिव व अध्यक्ष के रूप में भी कार्यरत रहे हैं।

प्रकाशित कृतियां

पैते में किताब (टेडिम चिन)

सैमसिल टॉगसान (श्रेणी 11-12 पेते भाषा का परचा)–2000, **पाओ लै लाइ**

गेलदान (श्रेणी 9-10 के व्याकरण एवं वाक्यविन्यास पुस्तक)–2000, **टोहनलेजुआ** (बच्चों द्वारा माता-पिता पुनरुर्त्थान)–2000, **जुओलाय गेलदन** (पैते भाषा लिखने के नियम)–1999, **सिआंगसिल थाइकोई** (श्रेणी 9 के छात्रों के लिए पैते भाषा की पाठ्य पुस्तक)–1997, **सिआंगसिल तोंगसम** (सामाजिक11वी तथा 12वीं कक्षा के लिए पैते भाषा की पुस्तक) **पैते पौनॉक** (सामाजिक एवं सांस्कृतिक परिप्रेक्ष्य पैते भाषा की किवदंतियों की व्याख्या)–1993, **लापाउ** (राजनीतिक शब्दकोष)–1990, **जैयल शक लौह जैला** (सामाजिक गीत)–1990, **थू लै ला** (9-10 श्रेणी के लिए गद्य एवं कविता की पाठ्य पुस्तक)–1988, **इंग्लिश पैते** (टेडिम)–1983।

कामखेनथांग ने निम्नलिखित किताबों का पैते भाषा में अनुवाद किया

गम ताते ओमदान होय (वाटसन ई. की पुस्तक का पैते भाषा में अनुवाद)–2002, **मधावी** (कमल सिंह का प्रथम मणिपुरी उपन्यास)–1983, **जिनेविएव थंगथू** (श्मिड सी. की पुस्तक का पैते /टेडिम चिन भाषा में अनुवाद)–1982, **ताते एटकोलना पनपिथू** (बच्चों की देखभाल)–1982 **खमथैली गोय क ही** (मैं नशीले पदार्थों का व्यसनी था–रविन्द्र सिंह लिखित पुस्तक का अनुवाद),

सह-लेखन–एम.सी. गोस्वामी एवं एच.कमखेनथांग, **मदर्स, ब्रदर इन पैते सोसाइटी**, बुलेटिन ऑफ दि डिपार्टमेंट ऑफ एन्थ्रोपोलॉजी, गौहाटी यूनिवर्सिटी खंड-1–1971, **यूटेरिन ब्रदर्स एंड सिस्टर्स (लाइजॉम) अमंग दि पैते,** जरनल ऑफ दि यूनिवर्सिटी ऑफ गौहाटी खंड-20-22, नम्बर-2 सायन्स–1969-71, **निकोटिन हेबिट ऑफ दि पैते,** बुलेटिन ऑफ दि डिपार्टमेंट ऑफ एन्थ्रोपोलॉजी, गौहाटी यूनिवर्सिटी खंड-3–1974, **पैते डूवेलिंग हाउस,** बुलेटिन ऑफ दि डिपार्टमेंटस ऑफ एन्थ्रोपोलॉजी, गौहाटी यूनिवर्सिटी, खंड-5–1976, **रिचुअल एक्सपर्ट (सिआम्पी) अमंग दि पैते,** बुलेटिन ऑफ दि डिपार्टमेंट ऑफ एन्थ्रापोलॉजी, गौहाटी यूनिवर्सिटी, खंड-5–1976।

सह-लेखन–एच. थोम्सन एवं एच.कमखेनथांग, **द पैते** मणिपुर राज्य कला अकादमी का त्रैमासिक जर्नल, खंड-2 नं.-1–1977, **द तराओ,** मणिपुर राज्य कला अकादमी का त्रैमासिक जर्नल, खंड-2 नं.-1–1983, **द सोसल एंड पोलिटीकल इंस्टीट्यूशन ऑफ द पैते** (संपादन ययन्ता सरकार और बी. दत्ता रॉय) सोशल एंड पोलिटीकल इंस्टीटयूशन ऑफ द हिल पीपल ऑफ नॉर्थ ईस्ट इण्डिया–1990, कलकत्ता एन्थ्रोपोलॉजिकल सर्वे ऑफ इण्डिया, **रिलीजन ऑफ द नार्दन चिन्स** (जौमी) रिलीजन्स ऑफ द ट्राइव ऑफ नार्थ ईस्ट इंडिया–1984, वेंडरेम मिसियोलोजिकल इंस्टीट्यूट, शिलांग, **फीचर्स ऑफ पैते फोकलोर्स** मणिपुर राज्य कला अकादमी का त्रैमासिक जर्नल, खंड-4, नं.-2–1986।

सह-लेखन—ए.के. राय एवं एच.कमखेनथांग, **द ट्रेन्ड ऑफ शिफ्टिंग कल्टीवेशन इन मणिपुर एंड इट्स कंट्रोल**, शिफ्टिंग कल्टीवेशन इन नॉर्थ ईस्ट इंडिया, संपादन—डी. एन. मजुमदार, ओमसन पब्लिकेशन, नई दिल्ली, **डिस्ट्रिक्ट काउंसिल इन मणिपुर विज-आ-वी द सिक्स शेड्यूल एंड ए नोट ऑन ड्राफ्ट ऑन मोडालिटी**—1997, आटोनोमस डिस्ट्रिक्ट काउंसिल (सम्पादन—एल.एस गश, ओमसन पब्लिकेशन, नई दिल्ली)।

सह-लेखन—एच.कमखेनथांग, **लामका** (चुराचंदपुर) कस्बा, अर्बन डेवलपमेंट इन नार्थ ईस्ट इंडिया (पोटेंशलिटी एंड प्रॉब्लम्स)—1998, संपादन—बी. दत्ता राय, रिलायन्स पब्लिशिंग हाउस, नई दिल्ली, **जौमी-मिजो कॉन्टीनम**, (मणिपुर पास्ट एंड प्रेजेन्ट)—1995, खंड-3, संपादन—एन. सनाजाओबा, मित्तल पब्लिकेशन, दिल्ली, **द पैते** पीपल ऑफ इंडिया, मणिपुर वोल्युम, एन्थ्रोपोलॉजीकल सर्वे ऑफ इंडिया, नई दिल्ली, **ते वायफेई** पीपल ऑफ इंडिया, मणिपुर वोल्युम, एन्थ्रोपोलॉजीकल सर्वे ऑफ इंडिया, नई दिल्ली, **द थादोउ** पीपल ऑफ इंडिया, मणिपुर वोल्युम, एन्थ्रापोलॉजीकल सर्वे ऑफ इंडिया, नई दिल्ली, **फोकटेल्स ऑफ मोयांमोनसांग**—1982, इम्फाल, डायरेक्टॉरेट फोर डेवेलपमेंट ऑफ ट्राइबल्स एंड बैकवर्ड क्लासेज़, गर्वमेंट ऑफ मणिपुर, **मराम फोकटेल्स**—1985, इम्फाल, डायरेक्टॉरेट फोर डेवेलपमेंट ऑफ ट्राइबल्स एंड बैकवर्ड क्लासेज़, गर्वमेंट ऑफ मणिपुर, **द पैते, ए ट्रांसबोर्डर ट्राइब ऑफ इंडिया एंड बर्मा**—1986, मित्तल पब्लिकेशन्स, नई दिल्ली, **ग्रोपिंग फॉर आइडेंटिटी**—1986 इनसर्च ऑफ आइडेंटिटी (संपादन—कमखेनथांग), कुकी-चिन बैपटिस्ट यूनियन, इम्फाल।

सह-लेखन—टी. जमखेनथंग एवं एच.कमखेनथांग, **ए ब्रीफ इन्ट्रोडक्शन टू द लेंग्वेज एंड कल्चर ऑफ द पैते** (टेडिम चिन)—1976, **इन्ट्रोडक्शन टू ट्राइबल लैंग्वेजिज़ एंड कल्चर ऑफ मनिपुर** (7 ट्राइब्स) संपादन—डॉ. के.बी. सिंह मणिपुर राज्य कला अकादमी, इम्फाल।

संपर्क

एच. कमखेनथांग
वर्तमान पता : एच. कमखेनथांग
पैते-वेंग, क्वाकैथेल, इम्फाल-795001, मणिपुर
स्थाई पता : अपर लामका, तिपाईमुख रोड, मणिपुर
दूरभाष : 0385-2455224/2455325
E-mail : hoihnu hauzel<hhauzel@yahoo.co.in>

रोबिन एस. न्गनगोम

परिचय

रोबिन एस. न्गनगोम का जन्म जनवरी 1959 में हुआ। वे कवि, कथाकार, संपादक तथा अनुवादक हैं। नेहू के अंग्रेजी विभाग में वे संप्रति लेक्चरर हैं।

शिक्षा

1981 में न्गनगोम ने संत एडमन्स कालेज, शिलौंग से बी.ए. किया और फिर 1983 में नेहू से अंग्रेजी में ही एम.ए. किया। संत एडमंडस कालेज में वे 1986 में लेक्चरर बन गए पर 1988 में नेहू में लेक्चरर का पद स्वीकार कर लिया।

अवदान

शिक्षण कार्य के अतिरिक्त वे गुवाहाटी से प्रकाशित नार्थ-ईस्ट राईटर्स फोरम की पत्रिका **न्यू फ्रन्टियर्स** का संपादन भी करते हैं। वे कथा नई दिल्ली के लिए मणिपुर के अनुवाद पुरस्कार के नोमिनेटिंग एडिटर भी हैं। अनुवाद के लिए 1999 का **कथा पुरस्कार** वे स्वयं भी पा चुके हैं। 1995 में यूनाईटेड किंगडम ईयर ऑफ लिट्रेचर एंड राइटिंग के अवसर पर आयोजनों में भाग लेने के लिए उन्हें आमंत्रित भी किया गया था। उन्हें 1994 में कविता के लिए **उदय भारती नेशनल अवार्ड** तथा 1997 में विनीत गुप्ता मेमोरियल काव्य प्रतियोगिता में तृतीय पुरस्कार प्राप्त हुआ। न्गनगोम की कविताओं का कई चयनिकाओं के अतिरिक्त विभिन्न पत्रिकाओं तथा जर्नलों ने उनकी रचनाएं छपी हैं, यथा **द टेलिग्राफ कलर मैगजीन** (कोलकाता), **डेबोनिअर** (मुंबई) **कंटेम्परेरी इंडियन लिटरेचर** (साहित्य अकादेमी दिल्ली) और **न्यू स्टेट्समैन** तथा **सोसायटी** (लंदन)।

प्रकाशित कृतियां

एंथोलोजी ऑफ कंटेम्परेरी पोएट्री फ्राम द नार्थ-ईस्ट-2003 (नेहू पब्लिकेशन, मेघालय), **ए न्यू ऑफ इंडियन पोएम्स इन इंगलिश**-2000 (राइटर्स वर्कशॉप कोलकाता), **खासिया इन ग्वालिया**–1995 (एलन बुक्स), **टाइम्स क्रॉस रोड्स**–1994 (दिशा बुक्स), **एन एंथोलोजी ऑफ न्यू इंडियन इंगलिश पोएट्री**–1993 (रूपा एंड कंपनी), **वड्र्स एंड द साइलेंस**–1988 (राइटर्स वर्कशॉप, कोलकाता)।

संपर्क

रोबिन एस. न्गानगोम
हाउस नं. 49, नेहू कैम्पस
माकनरोह-यमसिंग, शिलांग : 793022
मेघालय, (भारत)
फोन : 2723513 (का.) 2551652 (आ.)
ईमेल : robinngangom@yahoo.co.in

मेघालय
खासी भाषा

बेवन लायोनेल स्वेर

परिचय

बेवन लायोनेल स्वेर निबंधकार, लोकसाहित्य लेखक तथा आलोचक हैं। संप्रति वे खासी भाषा विभाग, नार्थ ईस्ट हिल्स यूनिवर्सिटी में प्रोफेसर हैं। प्राध्यापकीय जीवन का आरम्भ उन्होंने साइनॉड कालेज, शिलांग से किया। 1982 ई. में नार्थ ईस्ट हिल्स यूनिवर्सिटी के खासी भाषा विभाग में आ गए। वहां उस विभाग में नियमित रूप से नियुक्त वे पहले लेक्चरर थे। वे नार्थ ईस्ट हिल्स यूनिवर्सिटी के प्रोग्राम ऑफ फॉकलोर रिसर्च एंड आरकाइव्स के अध्यक्ष तथा इसी यूनिवर्सिटी के इन्टर प्रेनियर डेवलपमेंट सेल के संयोजक भी हैं। वे सदस्य बोर्ड आफ डायरेक्टर्स, वाइएमसीए, शिलांग भी थे।

कुछ अन्य संगठन जिनके साथ विभिन्न पदों पर उनका संबंध रहा है इस प्रकार हैं– अध्यक्ष, शिलांग कालेज गवर्निंग बाडी (1973-94) अध्यक्ष, संग खासी कालेज (1982) अध्यक्ष, शिलांग लॉ कालेज (1987-91) सदस्य इंडियन रेड क्रास सोसायटी (1980), अध्यक्ष, सेंग खासी (1984-95), अध्यक्ष, सेइन जैन्तिया (1977-84), अध्यक्ष, मैंनेजिंग कमिटी, रामकृष्ण मिशन, शिलांग (1986), अध्यक्ष, मैंनेजिंग कमिटी रामकृष्ण मिशन हाई स्कूल सोहरा 1986 से अब तक, स्टेट काउंसिल ऑफ भारत स्काउट एंड गाइड्स, मेघालय (1984 से अब तक)।

शिक्षा

एम.ए., बी.टी., पीएच.डी.।

अवदान

स्वेर की प्रकाशित कृतियों का संसार व्यापक रूप से विविधता संपन्न रचना संसार है। इसमें साहित्य की सभी विधाओं पर आलोचनात्मक पुस्तकें, कविता संग्रह और लोककथा साहित्य हैं। उन्होंने कुछ खासी पुस्तकों का अंग्रेजी अनुवाद भी किया है। स्वेर की कृतियां कालेज तथा यूनिवर्सिटी स्तर पर तथा शोधकार्यो के लिए टेक्स्ट या संदर्भ पुस्तकों के रूप मे व्यवहृत होती हैं। स्वेर को तीन सप्ताहों के लिए खासी वैल्श राइटर्स एक्सचेंज प्रोग्राम के अन्तर्गत वैल्श अकादमी, कार्डिन वेल्ज में

आमंत्रित किया गया था जहां उन्होंने कई वार्ताओं-परिचर्चाओं, कविता पाठ और पारस्परिक विचार गोष्ठियों में सक्रिय रूप से भाग लिया।

अपनी पुस्तकों **ना प्नेली का राइन्सान** (नाट्य आलोचना की पुस्तक) तथा **का मतियोंग कि खानताङ** (खासी लोक कथाओं का अध्ययन) के लिए उन्हें 1999 ई. में वर्ष 1997-98 **का स्टेट लिट्रेरी अवार्ड** प्रदान किया गया।

वे अध्यक्ष, खासी ऑथर्स सोसायटी (1982-84), कन्वीनर मेघालय चैप्टर ऑफ द इंडियन ट्रस्ट फॉर आर्ट एंड कल्चरल हेरिटेज(1985-91), सदस्य गवर्निंग बाडी नार्थ ईस्ट जोन कल्चर सेन्टर, दिमापुर (1986-92), आजीवन सदस्य, नार्थ ईस्ट इंडिया काउंसिल फॉर सोशल साइन्स रिसर्चर हैं। वे खासी ह्यूमरस सोसायटी चीफ आर्गनाइजर तथा एडीटर एवं हिन्नीयू ट्रैप एन्डेवर सोसायटी के एडीटर भी रहे।

प्रकाशित कृतियां

ना प्नेली का राइन्सान, का मतियोङ कि खानताङ।

बिजोया साओव्यन

परिचय

बिजोया साओव्यन का जन्म 15 नवंबर, 1949 को शिलांग (मेघालय) में हुआ। उनकी मां खासी सुमदाय की हैं तथा पिता बंगाल के निवासी हैं। उनका विवाह हिमाचल प्रदेश के अलर्क सिंह के साथ 1974 में हुआ। बिजोया स्वतंत्र लेखन तथा अनुवाद कार्य करती हैं।

शिक्षा

बिजोया ने 1966 में लॉरिटो कौन्वेन्ट, शिलांग से इन्टरमीडियट परीक्षा पास की। 1967 में दिल्ली विश्वविद्यालय के लेडी श्री राम कॉलेज में दाखिला लिया और 1970 में अंग्रेजी (प्रतिष्ठा) में स्नातक किया। दिल्ली विश्वविद्यालय में मिरांडा हाऊस से ही उन्होंने 1972 में स्नातकोत्तर किया।

अवदान

साओव्यन की रचनाएं विभिन्न पत्र-पत्रिकाओं में लंबे समय से छपती रही हैं। 1970 तथा 1980 के दशकों में उन्होंने **द हिन्दुस्तान टाइम्स, द टाइम्स ऑफ इंडिया, फेमिना** तथा **इलस्ट्रेटिड वीकली ऑफ इंडिया** के लिए नियमित रूप से लिखा। उन्होंने यात्रा वृत्तांत, कहानियां तथा खासी संस्कृति पर आलेख भी लिखे हैं। वे स्वतंत्र रूप से शोध कार्य करती हैं और विभिन्न सेमिनार तथा परिचर्चाओं में सक्रिय रूप से भाग लेती हैं।

साओव्यन ने खासी शिष्टाचार तथा नीतिशास्त्र की दो खंडों वाली पुस्तक **जिनस्नेग ताइम्मेन** का अनुवाद किया जो **द टीचिंग ऑफ एल्डर्ज** के नाम से 1999 में प्रकाशित हुई। यह इस खासी पुस्तक का पहला अनुवाद था। उनकी दूसरी पुस्तक खासी लोक कथाओं के संकलन के रूप में **खासी फोक टेल्स** के नाम से 2002 में प्रकाशित हुई।

आजकल वे एक प्राचीन कृति **का नियाम वेई यू ब्लेई** (द रिलिजन ऑफ वन गॉड) का अनुवाद कर रही हैं। इसके अतिरिक्त वे एक कहानी-संग्रह तथा भारत के उत्तर-पूर्वी राज्यों में विद्रोह की समस्या पर आधारित एक उपन्यास भी लिख रही हैं जिसका नाम संभवतः **मैन इन द शैडोज़** होगा।

प्रकाशित कृतियां

द टीचिंग्स ऑफ एल्डर्स—2002, **खासी फोक टेल्स**—1999, **क्राइसिस ऑफ आइडेन्टिटी सीआईईएफएल, ओरल ट्रैडीशन-दी पर्सनल एलेमेन्ट एंड इट्स बेनेफिट्स।**

संपर्क

बिजोया साओव्यन
लाकिरसिव II लोअर माओप्रेम, शिलांग
जिला, पूर्वी खासी हिल्स, मेघालय : 793002
दूरभाष : 0364-2547688, 2546094

बी. पाकेम

परिचय

बी. पाकेम का मेघालय स्थित जोवाई नामक स्थान में सन् 1937 में जन्म हुआ। उनकी ख्याति पूरे देश तथा विदेश में भी थी। उन्होंने अपना अकादमिक कैरियर बारापानी के यूनियन क्रिश्चियन कॉलेज में राजनीति शास्त्र के लेक्चरर के रूप में किया। इसके बाद एक साल के लिए वे सन्त एडमन्डूस कॉलेज में कार्यरत रहे। वहां से वे डिबरूगढ़ विश्वविद्यालय में नियुक्त हो गए जहां उन्होंने सात वर्षों तक अध्यापन किया। इस काल में वे इंडियन स्कूल ऑफ इन्टरनेशनल स्टडीज जे.एन.यू., नई दिल्ली में रिसर्च फेलो भी रहे। सन् 1974 में राजनीति शास्त्र विभाग, नेहू में रीडर बन गए। इसी विश्वविद्यालय में स्कूल ऑफ सोशल साइन्स के डीन भी रहे। सक्रिय राजनीति से भी उनका जुड़ाव रहा तथा सन् 1983 में मेघालय विधानसभा के सदस्य निर्वाचित हुए। इस काल में राज्य कबीना मन्त्री के रूप में शिक्षावित्त तथा कृषि के महत्त्वपूर्ण विभाग का दायित्व भी संभाला। दिसम्बर सन् 1991 में नेहू के उपकुलपति नियुक्त हुए। आई.सी.एस.एस. आर., एन.ई.आर.सी., शिलांग के अवैतनिक निदेशक तथा अध्यक्ष पद पर भी आसीन रहे। वे नार्थ-ईस्ट इंडियन काउंसिल फॉर सोशल साइन्स रिसर्च, शिलांग के अध्यक्ष भी रहे।

शिक्षा

पाकेम की स्कूली शिक्षा जोवाई गवर्नमेंट हाई स्कूल में हुई। सन् 1959 में सेन्ट एथोनी कॉलेज से उन्होंने स्नातक की डिग्री प्राप्त की। सन् 1963 में गुवाहाटी विश्वविद्यालय में एम.ए. (राजनीति शास्त्र) की परीक्षा में उन्हें स्वर्ण पदक प्राप्त हुआ। डिबरूगढ़ यूनिवर्सिटी से 1972 में उन्होंने पीएच.डी. की तथा 1965 में गुवाहाटी यूनिवर्सिटी से कानून की डिग्री भी प्राप्त की।

अवदान

उन्होंने कई पुस्तके लिखीं और बड़ी संख्या में शोधपत्र तथा निबंध आदि लिखे जो विभिन्न पुस्तकों तथा पत्र-पत्रिकाओं में प्रकाशित हुए। एक समाज विज्ञानी के रूप में भारत के उत्तर-पूर्वी क्षेत्र के लोगों की समस्याओं की बेहतर समझ विकसित करने में उनका महत्त्वपूर्ण योगदान है।

डेज़्मंड एल. खारमाओफ्लांग

परिचय

डेज़्मंड एल. खारमाओफ्लांग का जन्म 24 अगस्त, 1964 को हुआ। वे सम्प्रति नार्थ ईस्टर्न हिल्स यूनिवर्सिटी (नेहू) में रीडर के पद पर हैं।

शिक्षा

खारमाओफ्लांग अंग्रेजी में स्नातकोत्तर एवं पीएच.डी. हैं।

अवदान

डेज़्मंड एल. खारमाओफ्लांग एक चर्चित कवि तथा कथाकार हैं। वे खासी तथा अंग्रेजी दोनों भाषाओं में लिखते हैं। इन्होंने खासी लोकगीत एवं लोककथाओं का दस्तावेजीकरण किया है। इनकी अब तक तीन पुस्तकें प्रकाशित हुई हैं।

प्रकाशित कृतियां

यू माऊशानाक, हेरे, की मत्ती बिरशेम।

संपर्क

डेज़्मंड एल. खारमाओफ्लांग
प्रवक्ता, अंग्रेजी विभाग
नॉर्थ ईस्टर्न हिल यूनिवर्सिटी, शिलांग : 793022
फोन : 0364-2231834 (ऑ.) 0364-2548458 (नि.)
मो. : 9863060983/9863061631

फिल्मिका मार्बनियांग

परिचय

मार्बनियांग का जन्म 12 मार्च, 1979 को पश्चिमी मेघालय के मावकिरवाट ग्राम में हुआ। उनके पिता का नाम स्मालफॉर्ड स्इमलीह तथा मां का नाम अरफलिंडा मार्बनियांग है। फिल्मिका शिलांग के संत एंथनी कॉलेज में व्याख्याता के रूप में कार्यरत हैं।

शिक्षा

फिल्मिका मार्बनियांग वनस्थली विद्यापीठ राजस्थान से स्नातक हैं। वे नॉर्थ ईस्ट हिल यूनिवर्सिटी (नेहू) शिलांग से स्नातकोत्तर परीक्षा में स्वर्ण पदक प्राप्त हैं। मार्बनियांग संप्रति नॉर्थ ईस्ट हिल यूनिवर्सिटी नेहू में शोध कार्य कर रही हैं।

अवदान

फिल्मिका मार्बनियांग खासी भाषा की युवा कवि तथा कथाकार हैं। खासी लोकगीत तथा बांकक थागों को संग्रहीत कर हिन्दी में उनका अनुवाद करने में उनकी विशेष रुचि है। कुछेक पत्र-पत्रिकाओं में उनकी रचनाएं प्रकाशित हुई हैं।

संपर्क

फिल्मिका मार्बनियांग
द्वारा श्री आर. लिंगदोह,
मौवलय काइन्टन मस्सर, ब्लॉक-सी,
मेसेब सब-स्टेशन के निकट,
शिलांग (मेघालय)
फोन : 0364-2550258

जे.एस. शांगप्लियांग

परिचय

जे.एस. शांगप्लियांग का जन्म एक खासी जनजातीय परिवार में 1 मार्च, 1944 को हुआ। शांगप्लियांग नेहू में अतिथि व्याख्याता भी रह चुके हैं।

शिक्षा

शांगप्लियांग ने एम.ए., पीएच.डी. की है। उनके शोध का विषय था—**खासी उपन्यासों में प्रेम।** वे एम.ए. में गोल्ड मेडलिस्ट हैं।

अवदान

शांगप्लियांग खासी तथा अंग्रेजी दोनों भाषाओं में लिखते हैं। बहुमुखी प्रतिभा संपन्न लेखक शांगप्लियांग, कई विधाओं—कविता, कहानी, नाटक, निबंध तथा आलोचना पर अधिकारपूर्वक लिखते हैं। शांगप्लियांग के कई आलेख एवं कविताएं दैनिक अखबारों, साहित्यिक पत्रिकाओं तथा स्कूल कॉलेजों की पत्र-पत्रिकाओं में छपते रहे हैं। प्रथम खासी डाइजेस्ट के संपादक होने के अतिरिक्त 1982 में बनी प्रथम खासी फीचर फिल्म **'आई मेई जोंग ना'** (सुपर '8' में) की पटकथा लिखने का श्रेय भी उनके नाम है।

प्रकाशित कृतियां

की स्नाप का नॉवेल (आलोचनात्मक निबधों का संग्रह)—1991, **लेज़ली हार्डिंग प्डे : एक उपन्यासकार के रूप में** (अंग्रेजी)—1988, **का री उमानाम** (एक पांच अंको का नाटक)—1984, **का किताब जिंगखेन्त बाथीस्माय**—1976। "विमिन इन खासी लिट्रेचर" (नेहू में आयोजित राष्ट्रीय सेमिनार में प्रस्तुत पर्चा)— एस.एस. मजौ द्वारा संपादित पुस्तक— यू क्रितिक में सम्मिलित।

सहलेखन

न किव्य बद ना लाडि, हा कि स्नूगी जोंग न्गी, स्टैन्डर्डाइजेशन ऑफ खासी लैंग्विज।

नाटक

का कपुत, त्वा ला का लंगथोहडोह, यानो फिन किन्नोह, दा कुम्ने प्लेंग (एकांकी नाटक), **पा माप या ऊँ, का आपोट ई पा, शा जिंगलाइटलोईड** (दूरदर्शन केन्द्र, शिलांग से प्रकाशित)।

संपर्क

जे.एस. शांगप्लियांग
लिस्सी काटेज, बा हिन्गदों,
शिलांग, जिला : ईस्ट खासी हिल्ज़
(मेघालय), पिन: 793001
दूरभाष : 0364-2548364

जीबोन राय

परिचय

बाबू जीबोन राय का जन्म 1838 में सोहरा चेरापूंजी में साइत्सोफेन में हुआ था। उनके पिता का नाम यू रामसिंह कोरकाता था तथा मां का नाम था का तिरा रानी। खासी लोगों के बारे में किसी की उन्होंने यह टिप्पणी सुनी कि **खासी लोगों को दिमाग नहीं होता इसलिए उन्हें छठी क्लास से ज्यादा पढ़ाने की जरूरत नहीं**। इससे उन्होंने इतनी पीड़ा महसूस की कि सरकारी अनुमति लेकर एक हाईस्कूल की स्थापना की और अपना पूरा जीवन खासीजनों की शिक्षा के लिए समर्पित कर दिया। 65 वर्ष की उम्र में 16 मई, 1903 को उनका देहावसान हुआ।

शिक्षा

जीबोन राय की औपचारिक शिक्षा प्राथमिक स्तर तक ही हो पाई थी क्योंकि 19वीं शताब्दी के उनके समय में खासी पहाड़ी क्षेत्रों में उच्च शिक्षा की सुविधा उपलब्ध नहीं थी। अलबत्ता उनके पिता जिनकी औपचारिक शिक्षा कलकत्ते में हुई थी, बांग्ला भाषा के अच्छे जानकर थे। पिता से प्राप्त अनुभव तथा ज्ञान जीबोन राय की अनौपचारिक शिक्षा ग्रहण के क्रम में काम आया। वेब्सटर डैविस जाइरवा ने राय के बारे में ठीक ही कहा है कि—**बाबू जीबोन राय आराम की जिन्दगी जी सकते थे, पर उन्होंने सीखने और ज्ञानार्जन में ही समय लगाना बेहतर समझा; चाहे यह ज्ञान किताबों से मिले या संपर्क में आने वाले किसी व्यक्ति से।**

अवदान

1875 में ही जीबोन राय ने शिलांग में एक उच्चविद्यालय के निर्माण हेतु क्षेत्रीय तथा राज्य सरकारों को पत्र लिखने शुरू किए। पर सरकारी सहायता नहीं मिलने पर 1876 में उन्होंने अपने पैसों से ही एक उच्चविद्यालय का निर्माण शुरू कर दिया। इसका उद्घाटन 1878 में हुआ। अंततः दूसरों को भी ऐसी शैक्षिक संस्था का महत्त्व समझ में आया और शिलांग गवर्नर हाईस्कूल 1880 में खुल गया।

बाबूजीबोन राय के साहित्यिक जीवन में 1875 में खासी रीडर नामक पुस्तक के दो खंडों के प्रकाशन के साथ-साथ नैतिक शिक्षा के पाठ थे। इसके बाद उन्होंने

खासी भाषा में भारत का इतिहास लिख कर प्रकाशित करवाया। बुद्धचरित्र, रामायण तथा हितोपदेश का खासी अनुवाद प्रस्तुत करने में संस्कृत भाषा का उनका ज्ञान काम आया।

ईसाई मिशनरी गतिविधियों की बढ़ती संख्या देख जीबोन राय का ध्यान खासी धर्म तथा संस्कृति के संरक्षण तथा उनसे संबद्ध लिखित साहित्य प्रस्तुत करने में विशेष रूप से लगा रहा। खासी कल्चरल इंस्टीट्यूशन जिसे खासी में का सेंग कहते हैं, की स्थापना 1899 में इसी उद्देश्य से उन्होंने की। बेब्सटर डैविस जाइरवा इस संबंध में कहते हैं–**पूर्वजों के मूलभूत सिद्धान्तों पर आधारित खासी समाज, संस्कृति तथा परंपरा के ताने-बाने के संरक्षण के अपने मुख्य उद्देश्य के अतिरिक्त खासी साहित्य के उन्नयन में भी इस संस्था ने बड़ा काम किया।** इस उद्देश्य से उन्होंने खासी पुस्तकों के प्रकाशनार्थ 1896 में उम सोहयुन में **री-खासी प्रेस** की स्थापना की थी।

प्रकाशित कृतियां

हितोपदेश-1898 (संस्कृत से अनूदित), **रामायण**-1900 (संस्कृत से अनूदित), **चैतन्य चैत्र**-1900 (संस्कृत से अनूदित), **बुद्धदेव चरित्र**-1901 (संस्कृत से अनूदित), **खासी रीडर, हिस्ट्री ऑफ इंडिया** (खासी में), **शफंङ यू वेई यू ब्लेई** (एक ईश्वर के बारे में)।

कितबोर डब्ल्यू. नोंग्रुम

परिचय

कितबोर डब्ल्यू. नोंग्रुम का जन्म 14 अगस्त, 1945 को हुआ। उनके पिता का नाम डब्ल्यू. एस. राय थंगखियु तथा उनकी मां का नाम कौन्सिला नोंग्रुम है। बाबू कितबोर के नाम से वे लोकप्रिय हैं। वे खासी समुदाय से हैं।

1966 में 21 साल की उम्र में उन्होंने शिक्षक की नौकरी पकड़ ली थी। 1973 में वे मेघालय सचिवालय में एल.डी.ए. के पद पर नियुक्त हो गए थे। वे 2002 में स्वास्थ्य एवं परिवार कल्याण मंत्रालय में अपर सचिव के रूप में सेवानिवृत्त हुए।

सामाजिक क्षेत्र में वे सेकेन्डरी फील्ड मैनेजमेंट कमेटी के पूर्व सेक्टर वार्डन एवं स्थानीय युवा संगठन के अध्यक्ष हैं। वे **खासी ऑथर्स सोसाइटी, स्टडी टूर सर्कल** तथा **एस.बी.यू.के.** (खासी ह्यूमरिस्ट सोसाइटी) के संस्थापक सदस्य हैं। वे शॉन राय बासन सेकेन्डरी स्कूल की प्रबन्ध समिति के सचिव भी हैं। वे स्थानीय कैथोलिक चर्च के 'एल्डर' भी हैं।

शिक्षा

कितबोर ने 1969 में शिलांग के संत एंथनी कॉलेज में स्नातक (विज्ञान) कोर्स में प्रवेश लिया लेकिन वे पढ़ाई जारी नहीं रख पाए और एक वर्ष बाद ही कॉलेज छोड़ दिया। बाद में उन्होंने सन् 1979 में शंकरदेव कॉलेज, शिलांग से बी.ए. किया।

अवदान

उन्होंने लेखन की शुरूआत काफी कम उम्र में ही कर दी थी। बहुआयामी प्रतिभा के नोंग्रुम, उपन्यासकार, कहानीकार, नाटककार, कवि और गायक हैं। कितबोर ने अपनी जनजातीय भाषा में विपुल लेखन किया है। उन्होंने स्कूली पाठ्यक्रम के लिए भी पुस्तकें लिखीं। उन्होंने अपने बारह उपन्यास, एक कहानी-संग्रह, दो नाटक, दस गद्य पुस्तकें, आठ कविता-संग्रह, तीन नर्सरी स्कूल पुस्तकें तथा स्कूलों के लिए चार हैल्प बुक्स लिखीं एवं प्रकाशित कीं। बाबू कितबोर केवल कवि, उपन्यासकार तथा कथाकार ही नहीं, एक गायक, रंगकर्मी

एवं वी.डी.ओ. कलाकार भी हैं। वे आकाशवाणी द्वारा प्रसारित बहस, वार्ता अपनी कविता पाठ तथा स्कूलों के लिए कार्यक्रम आदि में भाग लेते हैं। वे दूरदर्शन केंद्र, शिलांग के लिए बहस, नाटक तथा टी.वी. फिल्मों में भी भाग लेते हैं। उन्होंने नॉर्थ ईस्ट जोन कल्चरल सेंटर द्वारा शिलांग में आयोजित पूर्वोत्तर के कवि सम्मेलन में 1994 में और सैन्टर फॉर क्रिएटिव ऑर्ट्स नेहू द्वारा आयोजित कविता-पाठ में 1995 में तथा अखिल भारतीय ट्राइबल लिटरेरी फोरम (अभासम) की क्षेत्रीय कान्फ्रेंस में दिसम्बर 2002 में भागीदारी की एवं पूर्वोत्तर राज्यों की क्षेत्रीय कमेटी के सदस्य चुने गए।

उन्हें पेंग्विन इन्टरनेशनल पब्लिशिंग हाउस की ओर से **नॉर्थ इस्टर्न एक्सेलेन्ट पर्सनैलिट्रीज अवार्ड** 2003 मिला। इसके पश्चात् उन्हें **मेघालय स्टेट अवार्ड-२००२, यू तिरोत सिंह अवार्ड** कला एवं साहित्य के लिए प्राप्त हुआ। द फ्रेन्डशिप फोरम ऑफ इन्डिया, नई दिल्ली से उन्हें सन् 2000 में **भारत एक्सेलेंस पुरस्कार** मिला। उनकी मूल्यवान प्रकाशित कृति **कि नौंग थोह-कोट खासी भाग-I तथा** II और **कि कोत खुबोर बाद की कोत खासी** के लिए मोंडोन बरेह मेमोरियल शिलांग, की ओर से लेखक के रूप में **प्रशस्ति-पत्र** दिया गया। उन्हें 1983 में, उनके उपन्यास को **जिंगयाशाह मेघालय लिटरेरी अवार्ड** मिला।

प्रकाशित कृतियां

उपन्यास : ऊँ बेत बाद का खून ऊँ पातशा (आकाशवाणी शिलांग द्वारा साप्ताहिक कार्यक्रम 'उपन्यास पाठ' के लिए चयनित)–2002, **न्गान अप या फी** (आकाशवाणी शिलांग द्वारा साप्ताहिक कार्यक्रम 'उपन्यास पाठ' के लिए चयनित)–1999, **न्गा ख्लेम पोई पिरखत**–1996, **का बिरिया देइ पोर यू स्वे सिंग**–1992, **न्गा डंग किनमाउ**–1991, **बालै तंग या ई थै?**–1988, **हा फी न्गा ऐती**–1988, **का जिंगऐत बाजानाइ या फी**–1987, **न्गा डांग लिएत या फी**–1987, **का जिंगयाईशाहू**–1983, (पुरस्कृत) **ऊँ शानबोर बद ऊँ वादबोर**–1976, **का पुंग का जिंगऐत**–1973।

कहानी

की उम्मात जिंगऐत–1987।

नाटक

न्गाम लह बन क्लेत–1992, **का शतस्न्गी**–1991।

गद्य

कि एस्से एंड कीवे डे–2001, का जिंगतिप किल्लुम–2001, नांने नांताइ–1997, की क्तेन शं स्बाइ–1996, की नंनह सिन्नन्यांग शा का थौ का तार खासी–1995, कात्तो काल्ने शाफां की कत ड्रामा खासी–1991, का रुकम शेत जिंगबाम खासी–1983, की कत खूबोर एंड की कत खासी–1982, की नांथौ कत खासी खंड-ट एवं प–1982।

काव्य

की माऊकोरडोर का येंग का सेम–2002, की मात्ती ऊँ खासी–2001, किबा न्गा नियूकोर–2000, की सुर बत कपोह–1995, हीमा जिंगऐत जंन्गा–1995, की सुर शोंग स्वाय स्बाई–1994, की सुर बा दंग सावा–1992, का उमपोहलियू–1982, (स्कूल पाठ्यक्रम हेतु बच्चों की कई पुस्तकें)।

संपर्क

कितबोर डब्ल्यू. नोंग्रुम
4½ मील, अपर शिलांग,
पोस्ट : शिलांग, मेघालय : 793005
दूरभाष : 0364-2560623 (आ.),
(मो.) : 09863061119

किनफाम सिं नंकिनरिह

परिचय

किनफाम सिं नंकिनरिह का जन्म 4 अप्रैल, 1964 को चेरापूंजी (मेघालय) में हुआ। वे खासी जनजाति के हैं। इन दिनों वे नॉर्थ ईस्ट हिल यूनिवर्सिटी के प्रकाशन विभाग में उप-निदेशक के रूप में कार्यरत हैं। सम्प्रति वे अखिल भारतीय आदिवासी साहित्य मंच के मेघालय के संयोजक हैं तथा राष्ट्रीय स्तर पर इसके केन्द्रीय कार्यकारिणी के सदस्य भी हैं।

शिक्षा

किनफाम सिं नंकिनरिह ने अंग्रेजी भाषा एवं साहित्य में एम.ए. किया है।

अवदान

किनफाम सिं नंकिनरिह खासी तथा अंग्रेजी दोनों भाषाओं में कविता तथा कहानियां लिखते हैं। व्यापक रूप से प्रकाशित तथा चयनिकाओं में संग्रहीत उनका काव्य साहित्य, जिस पर शोध कार्य भी हो चुका है, अंग्रेजी में दो खंडों तथा खासी में तीन खंडों में संकलित हो चुका है।

वे खासी भाषा में सोलह तथा अंग्रेजी में तीन पुस्तकें लिख चुके हैं। खासी भाषा में प्रकाशित कृतियों में तीन कविता-संग्रह, एक व्यावहारिक काव्य आलोचना तथा स्थानीय प्रकाशनों द्वारा प्रकाशित दिलचस्प किंवदंतियों के दो संग्रह हैं। किनफाम सिं के कोलकाता स्थित राइटर्ज़ वर्कशॉप द्वारा प्रकाशित अंग्रेजी के दो कविता-संग्रह तथा यूनाइटिड किंगडम के वेल्ज़ स्थित एलेन बुक्स प्रकाशन युनाइटिड किंगडम द्वारा प्रकाशित खासी मिथकों का एक संग्रह उल्लेखनीय है। उनके तीसरे कविता-संग्रह की कुछ कविताएं इन्दिरा गांधी नेशनल ओपन विश्वविद्यालय के एम.ए. (अंग्रेजी) के पाठ्यक्रम—**समकालीन भारतीय साहित्य : अंग्रेजी अनुवाद में** के अन्तर्गत सम्मिलित की गई हैं। उनकी कविताओं पर जवाहरलाल नेहरू विश्वविद्यालय, नई दिल्ली तथा ककतिया विश्वविद्यालय, वारंगल (आंध्र प्रदेश) में शोध भी हुए हैं। नंकिनरिह ने नेशनल बुक ट्रस्ट, नई दिल्ली के लिए दस पुस्तकों का खासी में अनुवाद भी किया है। उन्होंने **कथा** के लिए खासी से अंग्रेजी में तथा **साहित्य अकादमी, नई दिल्ली** के लिए कविताओं तथा कहानियों

का अनुवाद भी किया है। संस्कृति पर आधारित इनका कथा-संग्रह **द डैथ इन ए हट एंड अदर स्टोरीज फ्राम द खासी हिल्स** अलुन बुक्स वेल्स यू. के. द्वारा प्रकाशित की जा रही है।

हाल ही में नार्थ-ईस्ट हिल्स यूनिवर्सिटी की ओर से प्रकाशित **उत्तर-पूर्व के समकालीन काव्य की प्रथम चयनिका** का उन्होंने संयुक्त संपादन किया है। विश्वविद्यालय के समाचार पत्र **नेहू न्यूज़**, विश्वविद्यालय के कार्यालय जरनल **द नेहू जरनल** तथा **रिलुम** नामक खासी भाषा की सर्वप्रथम पत्रिका के सम्पादन का दायित्व भी वे निभा रहे हैं।

उन्हें अमेरिकन पोएट्री एसोसिएशन, सांता क्रुज़ से 1990 में **सांत्वना पुरस्कार** प्राप्त हुआ। मेघालय सरकार से उन्हें तीन बार प्रकाशन अनुदान भी मिल चुके हैं।

प्रकाशित कृतियां

अंग्रेजी में

मोमेन्टस–(1992), **द सीव**–(1992)।

खासी में

बान सिंगऊथोह या का पोइट्री (कविता आलोचना की पुस्तक), **का सामय जं का लेएर** (कविता), **की माऊसिंय का सहरा** (कविता), **की जिंगकिन्माऊ** (कविता)।

संपर्क

किनफाम सिं नंकिनरिह
बिजनी कॉम्पेलक्स, नॉर्थ ईस्ट हिल यूनिवर्सिटी, शिलांग
पो. : लाइतूउमख्राह,
जिला : ईस्ट खासी हिल्ज, मेघालय, पिन : 793003
फोन : 2211145 (घर), 2501902 (कार्यालय)

मिनिमॉन लालू

परिचय

मिनिमॉन लालू का जन्म 13 अप्रैल, 1954 को शिलांग में जैन्तिया परिवार में हुआ। सामाजिक कार्यों से लगातार जुड़ी हुई लालू, शिलांग में सक्रिय कई संगठनों तथा संस्थाओं में महत्वपूर्ण पद पर हैं। मेघालय स्टेट काउन्सिल फॉर स्टेट चाइल्ड वेलफ़ेयर, अपनी जनजाति की सोसायटी **सेंग कुर लालू** तथा **ऑल इंडिया ट्राइबल लिट्रेरी फोरम,** मेघालय शाखा की संयुक्त सचिव हैं। खासी ऑथर्ज़ सोसायटी की वे संपादक भी हैं। इनके अतिरिक्त ऑल इंडिया विमेन एजुकेशन फंड एसोसिएशन तथा कन्ट्री विमेन एसोसिएशन ऑफ इंडिया की आजीवन सदस्य हैं।

शिक्षा

लालू ने स्कूली शिक्षा संत जोसफ़ गर्ल्ज़ हाई स्कूल, शिलांग में पूरी की। शिलांग स्थित लेडी क्वीन गर्ल्ज़ कॉलिज से 1974 में स्नातक किया। 1994 में इंदिरा गांधी राष्ट्रीय मुक्त विद्यालय से डी.सी.ई. का डिप्लोमा प्राप्त किया।

अवदान

लेखिका होने के साथ-साथ वे नियमित रेडियो कलाकार, सामाजिक कार्यकर्ता तथा छायाकार भी हैं। लालू अपने बारे में कहती हैं–"1989 **का वर्ष मेरे जीवन में एक महत्वपूर्ण परिवर्तन लेकर आया। अपने प्रथम उपन्यास 'तंगी मफ़ी जोंगाना' से मैंने इस वर्ष साहित्य संसार में पदार्पण किया। पाठकों के साथ-साथ महत्वपूर्ण वरिष्ठ लेखकों ने मेरी लेखन प्रतिभा की प्रशंसा कर मुझे लेखन जारी रखने को प्रोत्साहित किया।**" उसके बाद से लालू की लेखनी सतत् जारी है। उन्होंने अपनी मातृभाषा खासी तथा अंग्रेजी में लगभग बीस पुस्तकें लिखी हैं, जिनमें उपन्यास, नाटक, कहानी, यात्रा-वृत्तांत, व्यंग्य तथा कविता शामिल हैं।

प्रकाशित कृतियां

नार्थ-ईस्ट जनरल नॉलेज एंड सिक्किम (पुनरीक्षित एवं विस्तारित)–2003, **मेघालय–लैंड ऑफ एनचांटमैट**–2002, **हा झिल्ली का रिन्सान** (नाटक)–2001, **मेघालय हैंड**

बुक–2001, **स्पोर्ट्स एण्ड गेम्स**–2000, **दि नार्थ-ईस्ट जेनरल नॉलज न्यू मिलेनियम**–2000, **बियत रिममुईन** (व्यंग्य)–1999, **का लेनियम हा एलाका नारत्यांग**–1997-98, **की खाना लिंगकॉट** (बच्चों की कहानियां)–1996, **शी खुंग कि बिरया** (व्यंग्य)–1996, **शानो का लावई उ हिनन्याऊत्रेप** (नाटक)–1994, **की बिरया उ श्री शदेई** (हास्य रचनाएं)–1994, **का थ्वेई लामिन बद का लेहनियम की प्नार** (प्नार जनजाति की रीतियां)–1994, **आई नन्म लाप हा स्यांगति जॉंग्फी** (उपन्यास)–1993, **जर ला का भाह** (विकलांगों को समर्पित उपन्यास)–1992, **'ऑवर कंट्री एंड द वर्ल्ड'** (हैल्प बुक कक्षा 5 के लिए एन.सी.आर.टी.)–1992, **की सौहकिरडॉट का जिग्ऐत** (उपन्यास)–1991, **न्गाम बान्से** (उपन्यास)–1990, **तांग माफ़ी नमार जोंगा** (उपन्यास)–1989।

संपर्क

मिनिमॉन लालू
द्वारा–श्रीमती बाईलिन सिंगसान, माओखर, ब्लॉक-7,
पो. : शिलांग,
जिला : पूर्व खासी हिल्स, मेघालय : 793001
फोन : 2546566
मो. : 9863097146
फैक्स : 0364-2503964, 2503958

राधोन सिंह बेरी खारवाङलांग

परिचय

राधोन सिंह बेरी खारवाङलांग के जन्म तथा बचपन के विषय में कोई लिखित जानकारी नहीं मिल पाई है। ऐसा समझा जाता है कि उनका जन्म चेरापूंजी के निकट मॉवम्लुह में 1850 ई. के आसपास हुआ। यह भी कहा जाता है कि उनके दो विवाह तथा पांच संतानें हुईं। संवदेना तथा विचारों से ओत-प्रोत उनके कवि हृदय ने ब्रह्म समाज सेंग खासी तथा यूनिटरियनूस आदि संस्थाओं के लिए सुन्दर गीतों की रचना की। विचार और मन से प्रगतिशील ये जन्म से ही खासी धर्म के अनुयायी रहे तथा ईसाई धर्म का कुछ वर्षों के अध्ययन के बाद उन्होंने अपने **का नियाम यू बेई यू ब्लेई** मत की स्थापना की। बाद में यूनिटरियन मिशनरी के मत से अपने मत को एकीकृत किया। पचास साल से कुछ ऊपर की अवस्था में उनका देहांत हो गया।

शिक्षा

उनकी शिक्षा के बारे में बहुत कम जानकारी उपलब्ध है।

अवदान

राधोन सिंह बेरी खारवाङलांग को उनकी साहित्यिक उपलब्धियों के लिए याद किया जाता है। आम तौर पर माना जाता है कि खासी भाषा के लिखित रूप के परिष्कार तथा 19वीं शताब्दी के बाद के वर्षों में ब्रिटिश मिशनरियों द्वारा प्रवर्तित रोमन लिपि के अनुकूल बनाने में राबोन सिंह सुका तथा जीवन राय मायरोम के साथ-साथ उनका महती योगदान है। वे खासी नैतिक संहिता तथा शिष्टाचार के नियमों के संग्रह **का जिन्सेन्ग ताइम्मेन** नामक कृति के रूप में अपने उत्कृष्ट योगदान के लिए भी याद किए जाते हैं। यह संग्रह दो खंडों में दस-दस शब्द-खंडों के छंदबद्ध द्विपद कविताओं के रूप में है। इस संग्रह में 68 बंद तथा 374 दोहे हैं। मृत्यु के समय भी वे अंग्रेजी खासी शब्दकोश तैयार करने में सन्नद्ध थे।

प्रकाशित कृतियां

का जिन्गस्नेंग, खंड I तथा II, का किताब पुले निंगकोंग (खासी रीडर)।

आर.टी. रिम्बाई

परिचय

आर.टी. रिम्बाई का जन्म मेघालय के जोवाई नामक स्थान में 31 अक्टूबर 1913 को हुआ। शिक्षा पूरी करने के पश्चात् उन्होंने परिवार के व्यापार को संभालने में सहयोग किया। 1941 ई. में उन्होंने असम सिविल सेवा ज्वायन कर लिया और 1959 ई. में भारतीय प्रशासनिक सेवा में आ गए। इस सिविल सेवा में विभिन्न जिलों में कई पदों पर यथा जिला मैजिस्ट्रेट तथा असम सिविल सचिवालय सेवा में कई विभागों में अपर सचिव तथा सचिव आदि पदों पर कार्य किया। सेवानिवृत्ति के पश्चात् वे मेघालय राज्य सरकार, भारत सरकार तथा उच्च न्यायालय गुवाहाटी आदि द्वारा समय-समय पर नियुक्त विभिन्न आयोगों तथा समितियों से संबद्ध रहे। समाज सेवा के क्षेत्र में वे शिलांग कालेज गवर्नमेंट बॉडी, सेंग खासी कालेज के अध्यक्ष रहे। इसके अतिरिक्त वे अध्यक्ष, मैनेंजिग कमिटी, रामकृष्ण मिशन, शिलांग भी थे। अध्यक्ष शिलांग लॉ कालेज, आजीवन सदस्य, इंडियन रेड क्रॉस सोसायटी अध्यक्ष, सेंग खासी तथा अध्यक्ष सेइन जैन्तिया आदि भी रहे।

शिक्षा

रिम्बाई ने 1937 ई. में कलकत्ता यूनिवर्सिटी से स्नातक किया।

अवदान

खासी तथा जैन्तिया इतिहास के क्षेत्र में उनका महत्त्वपूर्ण योगदान है। प्नार (जैन्तिया) तथा खासी धर्मों, त्योहारों, तथा उनकी सामाजिक प्रथाओं पर भी उन्होंने लिखा है। उनके लेख तथा निबन्ध **इन्डियन हिस्ट्री एंड खासी हेरिटेज** तथा अन्य पत्र-पत्रिकाओं में प्रकाशित हुए।

वे खासी ऑथर्स सोसाइटी के अध्यक्ष थे। वे 1985 से 1991 तक इण्डियन नेशनल ट्रस्ट फॉर आर्ट एवं कल्चरल हैरिटेज के संयोजक, मेघालय विंग ऑफ द इंडियन क्लासिकल म्युज़िक एंड कल्चरल हेरिटेज अमंग यूथ, को-आर्डिनेटर, गवर्निंग बॉडी, नार्थ ईस्ट जोन कल्चरल सेंटर, दिमापुर के सदस्य तथा द नार्थ ईस्ट इंडिया काउंसिल फौर सोशल साइन्स रिसर्च के आजीवन सदस्य भी रहे।

प्रकाशित कृतियां

बन पाइनिएंग ला का रासोंग—1979, **कि रिति का री** (शफंग कि रंगबाह श्नोंग) (1985)।

सम्पर्क

स्व. आर.टी. रिम्बाई के लेखन के बारे में कृपया उनकी पुत्री से संपर्क करें

श्रीमति लामा हिन्नयेवता, मखाने,
जयाओ चैपल्स रोड,
शिलांग-793002
फोन : 0364-2243156

एस.एस. मजॉ

परिचय

एस.एस. मजॉ का जन्म 1952 ई. में शिलांग में हुआ। उनके पिता का नाम टी. ई. टीएंगटोह और माता का नाम एच.एम. मजॉ है। सम्प्रति वे सिनॉड कॉलिज शिलांग में लेक्चरर हैं।

शिक्षा

एम.ए.

अवदान

एस.एस. मजॉ आलोचक, निबन्धकार एवं कवि हैं। वे खासी तथा अंग्रेजी दोनों भाषाओं में लिखते हैं। उनकी तीन पुस्तकें अब तक प्रकाशित हुई हैं। सम्प्रति वे खासी आथर्स सोसायटी शिलांग के अध्यक्ष हैं।

प्रकाशित कृतियां

हा कि सुर का पोएट्री, के एसे बाद एई पोएम, के सिरवेट जिंगशाई।

सम्पर्क

एस.एस. मजॉ
द्वारा मदन रितिंग
पो. : कम रितिंग शिलांग
जिला : खासी हिल्स
शिलांग, (मेघालय)
दूरभाष : 0364-2231850

स्ट्रिमलेट डखर

परिचय

23 दिसंबर, 1960 को जन्मी डखर संप्रति नॉर्थ ईस्ट हिल यूनिवर्सिटी के खासी भाषा विभाग में रीडर हैं। वे विभिन्न राष्ट्रीय तथा क्षेत्रीय सांस्कृतिक, शैक्षिक तथा साहित्यिक संगठनों से सक्रिय रूप से जुड़ी हुई हैं। इसके अतिरिक्त वे मेघालय के शौकिया मुक्केबाजों की एसोसिएशन की सदस्य भी हैं।

शिक्षा

खासी नाटकों में विशेषज्ञता प्राप्त डखर ने **खासी नाटकों में प्रेम की अवधारणा** विषय पर शोधकार्य कर पीएच.डी. की है।

अवदान

स्ट्रिमलेट डखर खासी तथा अंग्रेजी भाषा में कविता, नाटक तथा निबंध लिखती हैं, पर, नाटक तथा नाटक आलोचना उनका विशिष्ट क्षेत्र है। उनकी एक कविता-संग्रह तथा भाषा विज्ञान पर एक पुस्तक भी प्रकाशित हो चुकी है। उनकी एक उपन्यास **'ऊ फ्रांग्सनी'** प्रकाशनाधीन है।

डखर बी.यू.जी.एस., द बी.पी.जी.एस. इन खासी, द स्कूल ऑफ लैंग्वेजिज़, बी. पी. जी. एस. इन हिन्दी तथा स्कूल बोर्ड—स्कूल ऑफ ह्यूमैनिटीज़ एंड एजुकेशन की सदस्या हैं। वे खासी ऑथर्स सोसाइटी की 1993-94 में उपाध्यक्ष तथा 1998 से 1999 तक कोषाध्यक्ष रहीं। इंडियन काउंसिल फॉर सोशल वैलफेयर बोर्ड की 1991 से आज तक सचिव हैं। वे आल इंडिया पोएटैस कान्फ्रेंस की उपाध्यक्षा एवं खासी आर्थस सोसाइटी की कार्यकारी अध्यक्ष एवं मेघालय सोशल वैलफेयर बोर्ड की संयुक्त सचिव तथा आल इंडिया ट्राइबल राइटर्स फोरम मेघालय यूनिट की सचिव है।

उन्हें 'आल इंडिया पॉएटेस कान्फरेंस', कोल्हापुर द्वारा **मदर टेरेसा सम्मान**—2003 दिया गया है।

प्रकाशित कृतियां

का हिस्तोरी बाड़ जिंगरोई जिंगसान (खासी ड्रामा) 2004, **की उमजैर रूपा** (काव्य-संग्रह)—2003, **का जिंगबिशार या का ड्रामा ऊ बाईबित डान्श्कोर** (नाटक पर आलोचना)—2003, **ऊ बान्लुम बात् का बाया** (नाटक)—2002, **ऊ राईकुट** (नाटक)—2001, **ना ख्यांग का डॉनोड** (काव्य-संग्रह)—2000, **द कॉन्ट्रिब्यूशन ऑफश द प्राग स्कूल ऑफश लिंग्विस्टिक्स टू द अंडर-स्टैण्डिंग ऑफश लिंग्विस्टिक्स प्रॉब्लम इन खासी स्टडीज़'**—1989, **का जिंगलॉड तिन्शय ऊ ब्रेड कटकम की ड्रामा खासी** (नाटक)—1986, **का जिंग बिशार ला का शांगखवैहा की रांग**—1998, **बाबू एच. डब्ल्यू. स्टेन : की जिंगकिन्याओ**—1998।

संपर्क

स्ट्रिमलेट डखर
कासा पाईटेटिस, ख्लेस्नाँग,
शिलांग-793001
दूरभाष : 0364-2591296
मो. : 09436117479
E-mail: esdkhar@rediffmail.com

सिलवानस लामारे

परिचय

सिलवानस लामारे का जन्म 5 मई, 1963 को जायंतिया समुदाय में हुआ। उन्होंने डॉन बास्को कॉलेज, तूरा के अन्तर्गत बास्को मांउट में 1988 से 1990 तक पढ़ाया। वे नार्थ-ईस्टर्न विश्वविद्यालय (नेहू) शिलांग में खासी विभाग में अतिथि व्याख्याता के पद पर सन् 1992 से दिसम्बर 1997 तक पढ़ाते रहे। 1993 से संत एडमंड कालेज शिलांग में वे व्याख्याता के स्थायी पद पर भी कार्यरत हैं। एडमंड कालेज एन.ए.सी.सी. द्वारा 'ए' ग्रेड का कॉलेज माना जाता है।

शिक्षा

लामारे ने सोशियो-लिंग्विस्टिक्स में डॉक्टरेट की डिग्री ली है। 1992 में खासी भाषा में एम.ए. की परीक्षा में उन्हें स्वर्ण पदक प्राप्त हुआ था। उनकी प्रारंभिक स्कूली शिक्षा मॉखर, शिलांग स्थित संत डोमेनिक सावियो हाईस्कूल में हुई। उन्होंने सैक्रिड हार्ट बॉयज़ हाई स्कूल में प्रवेश ले लिया और तभी से उनकी हाई स्कूल की शिक्षा डॉन बास्को के सेलिसियन्स के देख-रेख में सम्पन्न हुई। उन्होंने 1982 में मेघालय बोर्ड ऑफ स्कूल एजूकेशन की एस.एस.एल.सी. की परीक्षा 1982 में उत्तीर्ण की। उन्होंने प्री-यूनीवर्सिटी तथा डिग्री पास कोर्स (1982-87) नार्थ-ईस्टर्न हिल्स यूनीवर्सिटी के संत एंथनीज़ कॉलेज शिलांग से किया। 1988 में दीमापुर के सेलिसियन्स कॉलेज से उन्होंने दर्शनशास्त्र में स्नातक भी किया। उसी वर्ष उन्होंने नेहू के दीमापुर कॉलेज से अंग्रेजी आनर्स भी किया। 1990 में उन्होंने खासी भाषा एवं साहित्य के एम.ए. के पाठ्यक्रम में दाखिला लिया। जिसकी परीक्षा में वे 1992 में विश्वविद्यालय में प्रथम आए और स्वर्ण पदक प्राप्त किया। 1994 में एम.फिल. में उन्हें ए ग्रेड प्राप्त हुआ। जिसके बाद उन्हें सीधे पीएच.डी. की करने की अनुमति दी गई।

अवदान

लामारे कवि, आलोचक तथा चित्रकार हैं। उनका मुख्य रूप से आलोचना के क्षेत्र में अवदान है। संस्कृति, भाषा तथा साहित्य से संबद्ध विषयों पर उन्होंने कई लेख

तथा शोध प्रबंध लिखें हैं। उन्होंने नेशनल बुकट्रस्ट के लिए खासी भाषा में कई पुस्तकों का अनुवाद भी किया है। उनकी पुस्तक **खासी पोएट्री** (1947-2003) शीघ्र प्रकाश्य है।

वे शोध के लिए प्रतिबद्ध हैं और उनके अवदान बहुआयामी हैं। अतीत में डॉन बास्को संस्थान के कई शिक्षक उन्हें **जैक ऑफ ऑल ट्रेड्स** कहा करते थे। इन्होंने कई राष्ट्रीय सेमिनारों में खासी भाषियों का प्रतिनिधित्व किया है तथा कई रुचिकर शोध-पत्र भी दाखिल किए हैं। उन्होंने कई सेमिनारों का आयोजन किया है तथा रिसोर्स पर्सन के रूप में कार्य किया है। 30 जून 2002 को शुरू की गई उनकी वेबसाइट **www.khasilit.org** इन्टरनेट के माध्यम से खासी साहित्य, भाषा, संस्कृति या खासियों के बारे में कोई भी अन्य जानकारी निःशुल्क प्रदान करती है। खासी जनजाति के विभिन्न पक्षों के बारे में विश्व के पैमाने पर आज तक शोधकर्ताओं द्वारा पूछे गए लगभग 3000 प्रश्नों का वे उत्तर दे चुके हैं। लामारे **खासी जनजाति की समृद्ध भाषा, साहित्य, संस्कृति अथवा इसके दूसरे पक्ष से सम्बद्ध सूचनाओं को पूरे विश्व के साथ बांटना चाहते हैं।**

लामारे ने अक्टूबर 2004 को चीनी लेखक एसोसियेशन के आमंत्रण पर चीन जाने वाली भारतीय लेखकों की टीम का नेतृत्व किया। वे एन.सी.ई.आर.टी. (2004-2005) के भारतीय भाषाओं के प्रशिक्षण हेतु गठित नेशनल फोकस ग्रुप के सदस्य भी हैं। उनका मोटो है–**अपना जाल गिरा दो–कार्य शब्दों से अधिक ऊंचा बोलते हैं।** दूसरों को उनकी सलाह है कि **समय का उपयोग करें अन्यथा समय तुम्हारा उपयोग कर लेगा।**

सिलवानस लामारे **साहित्य अकादमी दिल्ली (2003–2008)** की वर्तमान जनरल काउंसिल के संभवतः सबसे कम उम्र के सदस्य हैं।

प्रकाशित कृतियां

ऊँ डेंग ('व्हाट इज़ ए ट्री' का खासी अनुवाद)–2001, **का पुरिसकाम का जिंगजिन्जार** ('ए टेल ऑफ ट्रब्लूज़' का खासी अनुवाद)–2001, **शीस्यिन हा नंकिनदंग** ('वन्स इन ए विलेज' का खासी अनुवाद)–2001, **ऊँ खोन सिंह ऊँ नां बान किरहो** ('ए बेबी लायन लर्न्स टू रोर, का खासी अनुवाद)–2001, **ऊँ बिरजू बत ऊँ कुलाई ऊबा हेर** (बिरजू एंड द फलाइंग हॉर्स का खासी अनुवाद)–2001, **एच. डब्ल्यू. सट्रेन बद का कतियेन खासी**–2000, **सिंग खासी एंड इट्रस कान्ट्रिब्यूशन**–1999, **की डक थह क्तेन जाईनतिया कामवा यू हा का प्नार ग्रामर बुक**–1999, **कि डिफथॉङ हा का प्नार ग्रामर बुक**–1999, **खत्लाइ तिल्ली की प्रौम**–1998, **की त्लांत का कलचर** (यह

पुस्तक 1993 से नेहू के खासी भाषा के तीन वर्ष के डिग्री स्तर के पाठ्यक्रम में इलेक्टिव पेपर-1 के रूप में स्वीकृत है।), **खासी डांस विद ए डिफरेंस इन मेघालय गार्डियन**—1993, **टियर्ज़ इन सोसो थमूज़ पोएम्ज़** (सोसोथम की कविता का आलोचनात्मक अध्ययन), **की स्न्गी जंन्गी** (सह-लेखक), **सेमिनार ऑन द स्टैन्डाइज़ेशन ऑफ खासी राइटिंग** (सहलेखक) एस.सी.ई.आर.टी. शिलांग द्वारा प्रकाशित।

उनकी नवीनतम पुस्तक—**खासी पोएट्री**—(1947-2003) 1994 में प्रकाशित हुई।

संपर्क

सिलवानस लामारे
कासा पिटाटिस, गोल्फ लिंक्स,
ख्लेशनोंग, शिलांग : 793001
दूरभाष : 0364-2591296

वेब्सटर डैविस जाइरवा

परिचय

वेब्सटर डैविस जाइरवा का जन्म 6 जुलाई, 1923 को हुआ। आल इंडिया रेडियो में अपने लंबे सेवाकाल में वे एक निर्भीक तथा कर्त्तव्यनिष्ठ अधिकारी के रूप में जाने जाते थे जिन्होंने काम के आगे अपने जीवन की भी परवाह नहीं की। 1963 ई. में जब कोहिमा रेडियो स्टेशन की स्थापना हुई तो वे वहां प्रोग्राम एग्जिक्युटिव के पद पर आसीन थे। वहां अपने दो वर्षों की तैनाती के दौरान वे प्रोग्राम एकत्र करने के लिए नागालैंड के सुदूर क्षेत्रों में गए। उस समय पूरा नागालैंड विद्रोह की दुःस्थिति से दो-चार था। 1983 ई. में असम के सांप्रदायिक दंगों के दौरान जब सारे वरिष्ठ अधिकारी रेडियो स्टेशन से भाग खड़े हुए थे, वे डिब्रूगढ़ स्टेशन में अपनी ड्यूटी निभाने को डटे रहे। त्वाङ जैसे स्थान में रेडियो स्टेशन स्थापित करने का अत्यंत दुष्कर कार्य सफलतापूर्वक कर दिखाने का श्रेय जाइरवा को जाता है। समुद्र तल से 15000 फीट की ऊंचाई पर स्थित सेला दर्रे को अपनी ड्यूटी पूरी करने के क्रम में उन्होंने पचासों बार पार किया। वे प्रतिनियुक्ति पर मेघालय राज्य सेवा में भी रहे और वहां निदेशक, कला एवं संस्कृति तथा निदेशक, ट्राइबल इंस्टीट्यूट आफ आर्ट्स एंड कल्चर के पद पर अपनी सेवाएं दीं। वे भारत स्काउट तथा गाइड, मेघालय की राज्य परिषद् के 1984 से अंतिम सांसों तक उपाध्यक्ष रहे। स्काउट आंदोलन में गहरे रूप से संबद्ध रहे और सामाजिक तथा कल्याणकारी कार्यों से जुड़े रहे। वे कई अन्य संगठनों से भी कई पदों पर आसीन रहे। यथा अध्यक्ष, मेघालय सोसायटी फॉर क्म्यूनिटी डेवलेपमेंट, अध्यक्ष, लांङस्निङ यूथ आर्गनाइजेशन, अध्यक्ष, प्रेस सलाहकार समिति, मेघालय सरकार।

अवदान एवं पुरस्कार

वेब्सटर डैविस जाइरवा ने खासी तथा अंग्रेजी दोनों भाषा में कहानी, कविता, लेख, नाटक आदि लिखे। वे उत्कृष्ट संगीत रचनाकार तथा संवाद लेखक के रूप में प्रख्यात थे।

लोक कथा, उपन्यास, कविता, लेख तथा निबंध और नाटक की खासी भाषा में जाइरवा की बारह पुस्तकें प्रकाशित हुई उन्होंने अंग्रेजी में भी निबंध लिखे हैं।

जाइरवा ने खासी तथा अंग्रेजी के स्वरचित गीतों के छः कैसेट भी तैयार

किए। शिलांग में संपन्न सार्क सम्मेलन में उन्होंने एक विशेष स्वागत गीत अंग्रेजी में तैयार किया था। प्रथम खासी टेली फिल्म 'का नोङ' तथा एक अन्य टेली फिल्म 'टेयर ड्राप्स आन द फेदर' के लिए उन्होंने संवाद तथा पटकथा तो लिखे ही, उसके लिए गीत एवं संगीत भी रचे।

वे प्रसिद्ध जाइऑव आर्केस्ट्रा के प्रमुख भी रहे। दिल्ली में संपन्न नौंवे एशियाई खेल समारोह में बांग्ला नृत्य की अगुआई उन्होंने की थी। कोलकाता में 1979 ई. में आयोजित कार्यक्रम में एक अन्य सांस्कृतिक मंडली का नेतृत्व भी उन्होंने किया था।

वे कई साहित्यिक एवं सांस्कृतिक संस्थाओं में विभिन्न पदों पर आसीन रहे हैं यथा अध्यक्ष, मेघालय खासी ऑथर्स सोसायटी, अध्यक्ष, मेघालय राज्य कला एंव संस्कृति सलाहकार परिषद्, मेघालय सरकार (1988 से 1991 तक दो अवधि के लिए), उपाध्यक्ष, मोरल एंड कल्चरल अवेकेनिंग सोसायटी, मेघालय, सलाहकार, मेघालय आर्टिस्ट गिल्ड फॉर प्रोमोशन ऑफ द आर्ट एंड पेंटिंग, स्कल्पचर, क्राफ्ट, सह-संयोजक, मेघालय चैंबर आफ इंडियन नेशनल ट्रस्ट फॉर आर्ट्स एंड कल्चरल हेरिटेज, सदस्य, सलाहकार समिति, सेंटर फॉर क्रिएटिव आर्ट्स, नेहू, सदस्य, स्टियरिंग कमेटी, लिटरेरी एंड कल्चरल स्टडीज, नेहू, कार्यकारी सदस्य, नार्थ ईस्टर्न जोन कल्चरल सेंटर, दिमापुर, नागालैंड, सदस्य, सलाहकार समिति, आर्ट एंड कल्चर, नार्थ-ईस्ट काउंसिल आदि।

उन्हें मेघालय राज्य के छः साहित्यिक पुरस्कार और प्लेक प्राप्त हुए। उन्हें कला, संस्कृति एवं साहित्य के क्षेत्र में अपने उत्कृष्ट योगदान के लिए राज्य का सबसे प्रतिष्ठित पुरस्कार **तिरोत सिंङ मेमोरियल अवार्ड**, 1992 प्रदान किया गया।

सूचना संपर्क

वेब्सटर डैविस जाइरवा
जाइऔ लांङस्निङ
शिलांग-2, (मेघालय)

मिजोरम

मिजो भाषा

बी. ललथंगलियाना

परिचय

बी. ललथंगलियाना का जन्म 16 जून, 1945 को खाव्बुङ गांव में हुआ। उनके पिता का नाम रिंगचियाना था। संप्रति वे मिजो भाषा विभाग, ह्रङबना कालेज, आइजॉल में वरिष्ठ व्याख्याता हैं।

शिक्षा

ललथंगलियाना की शिक्षा म्यांमार में हुई। वे इतिहास में स्नातकोत्तर हैं।

अवदान

बी. ललथंगलियाना मिज़ोरम के ख्यातिलब्ध लेखक हैं। उन्होंने कई पुस्तकों का संपादन भी किया है। उनकी दो पुस्तकों का अनुवाद भी हो चुका है। इसके अतिरिक्त वे साहित्य तथा इतिहास में शोध भी करते रहे हैं। उन्होंने अब तक लगभग 200 लेख लिखे हैं जो विभिन्न पत्र-पत्रिकाओं में प्रकाशित हो चुके हैं।

बी. ललथंगलियाना वर्ष 2000 से अब तक मिज़ो लेखक संघ के अध्यक्ष हैं। वे सचिव, मिजो अकैडमी ऑफ लेटर्ज (1988-1999), संपादक **थू लेह ह्रला** (साहित्य मासिकी) (2000-2001), अध्यक्ष, साहित्य समिति, ह्रंगबना कॉलेज, सदस्य, ट्राइबल आर्ट एंड कल्चर एडवाइजरी बोर्ड, मिजोरम सरकार, सदस्य, मिजोरम पब्लिकेशन बोर्ड, सदस्य, कार्यपालक समिति आईएनटीएसीएच, मिजोरम चैप्टर, सदस्य, कल्चरल हेरिटेज कमिटी, आइजॉल जिला, कन्वीनर एंड आर्किटेक्ट, मिजो पोएट्स स्कवेअर खॉवबुंग, प्रोजेक्ट डायरेक्टर स्टडी ग्रुप, मिजो हिस्ट्री एंड कल्चर, एन. ई. सी. द्वारा प्रायोजित, शिलांग (1994-2001) तथा मिजोरम सरकार द्वारा पोषित स्टडी टीम ऑव मिजो ओरिजिन के टीम लीडर (2000) भी रहे हैं।

प्रकाशित कृतियां

ज़ौरम एनसाइक्लोपेडिया–2003, **जौटोङ बुलपुइ लेह् अ ह्रमान्ना** (मिजो भाषा और लोकोक्तियां)–2002, **हिस्टरी एंड कल्चर ऑफ मिज़ो इन इंडिया, बर्मा एंड बांग्लादेश** (भारत, बर्मा तथा बांग्ला देश में मिजो के संस्कृति एवं इतिहास)–2001, **मी चुङचुआङ रौकूंङा एण्ड ज़ीकपुई पा** (रोउकूङा और जीकपुई का जीवनचरित्र)–2000,

पीपू छुआह्त्लाङ (मिजो साहित्य का अध्ययन)–1998, **हिस्टरी ऑफ मिज़ो लिटरेचर** (मिजो साहित्य का इतिहास)–1993, **ह्मासाङ जौनुन** (मिजो का सांस्कृतिक इतिहास)–1992, **मिज़ौ नुनह्लुइ-II** (प्राचीन मिजो इतिहास-2)–1991, **मिजो नुनह्लुई-I (प्राचीन मिजो इतिहास-१)**–1990, **क लुङ्खाम** (मिजो साहित्य का परिचय)–1989, **हिस्टरी ऑफ मिज़ो इन बर्मा** (बर्मा में मिजो का इतिहास) (बर्मीज, मिजो तथा अंग्रेजी–में क्रमशः 1975, 1978, तथा 1980 में प्रकाशित)।

संपर्क

बी. ललथंगलियाना
छिंगा वेंग, मकान सं. : ए-4,
आइजॉल, (मिज़ोरम)
दूरभाष : 0389-2322587

सी. लाइज़ोना

परिचय

सी. लाइज़ोना का जन्म 10 जनवरी, 1959 को गांव तअलपुइ, जिला चाम्फाइ मिजोरम में किसान परिवार में हुआ। इनके पिता का नाम मनवेला और माता का नाम ललदुही था।

शिक्षा

सी. लाइज़ोना ने अपनी शिक्षा हाई स्कूल तक प्राप्त की और चम्फई कॉलेज से पी.यू.सी. पास किया।

अवदान

सी. लाइज़ोना युवा मिजो लेखक हैं। वे कॉलेज के दिनों से लेख तथा पुस्तक लेखन का कार्य कर रहे हैं। वे मिजो भाषा में कहानी, उपन्यास तथा नाटक लेखन के अतिरिक्त पत्रकारिता भी करते हैं। उन्होंने तीस से भी अधिक पुस्तकें लिखी हैं जिनमें अधिकांश उपन्यास हैं। उन्होंने मिजो साहित्य को समृद्ध किया है। मिजो अकादमी ऑफ लैटर्स ने 1990 में उनकी पुस्तक **ह्माङइह्जुअली** को **बुक ऑफ द इयर** घोषित किया। ये पुस्तकें अब मिजो विश्वविद्यालय के पाठ्यक्रम का एक अंग बन चुकी हैं। मिजो अकादमी ऑफ लैटर्स ने उनकी पुस्तक **अनीता** को भी 1998 में **बुक ऑफ द इयर** घोषित किया। सी. लाइज़ोना के कई आलेख विभिन्न पत्रिकाओं में प्रकाशित हुए हैं। उन्होंने कई अंग्रेजी पुस्तकों का मिजो भाषा में अनुवाद किया है। उन्होंने अनेक बाल कथाओं का अनुवाद किया है जिनमें अधिकांश परी-कथाएं हैं।

प्रकाशित कृतियां

उपन्यास

अ थ्लन मइ माव (क्या वह व्यर्थ है?)–1999, **अनिता** (उपन्यास)–1998, **का थ्लङ् ज़ोक** (वह मेरी पसन्द)–1993, **के.एस. मिनतिमो माव?** (तुमने मुझे के एस कहा?), **ताह अ टुल लेह् थिन** (फिर रोना पड़ता है)–1991, **का फ़ा असिन** (यह मेरा बच्चा है)–1991, **ह्मङइह्जुअली** (ह्मङइह्जुआली)–1990, **मित्तुर नेन** (आंसुओं

के साथ)—1988, **छानी** (छनी)—1987, **जान माक ताक** (अद्भुत रात)—1986, **थुरूक ह्माङइह् जिरी** (रहस्य, खुबसूरत ज़िरी), **ह्माइथिंगूहोन** (बेहया)—1985, **लेइ थेइद्लौह् रुअली** (अनमोल स्त्री)—1985, **रेमी लेह् रुअता** (रेमी और रुआता), **इ ता का नि सि अ!** (मैं तुम्हारी हूं)—1983, **बी-२** (बी-2)—1982।

जासूसी किताबें

ओमनस् (ओमनस)—1994, **इ दुह् थ्लाङ् रोह्** (जैसा तुम चाहो)—1991, **लला दोह्थ्लाक** (लाला को क्रिसमस का तोहफा)—1991, **खिस्टमस पुतर** (सान्ताक्लोस)—1990, **दुह् लुअत व़ाङ** (बेइन्तहा मुहब्बत)—1989, **थिह् लेह् थिह्** (जान जाए तो जाए)—1988, **सुलह्नु** (पैरों के निशान)—1988, **इन्ड़ेन तोह् लौ तुरिन** (कभी जुदा न होने के लिए)—1987, **इन ह्राङ** (भूत बंगला)—1987, **व़ेह् थ्लेम** (छल-कपट)—1987, **पारी जुन** (पारी का आकर्षण)—1987, **थिर थिङ्रेम थुरूक** (गुप्त पेटी)—1986, **थानी तान** (थनी के लिए), **ज़ालेन ह्मा चुअन** (स्वतंत्रता तक)—1986, **जुङबुन चु** (अंगूठी)—1986, **अ ह्लुइ थेइलौ** (नवबहार)—1986।

नाटक

कन तिअम तोह सी (प्रतिज्ञावध)—1982।

नैतिक शिक्षा

नुपा थुरूक (विवाहित जीवन का रहस्य)—1996, **छेल्ना राह्** (सहनशीलता का फल)—1987, **एङकिम ह्लोकना** (उत्पादकता)—1986, **नुन ह्रअइतु** (नैतिक गाइड)—1985, **ह्नेह्ना थुरूक** (विजय रहस्य)—1985, **फ़ा एनूकोल दान** (बच्चे की देखभाल)—1984, **नुपा ह्लिम नान** (विवाहित जीवन का आनन्द)—1983।

बाईबल आधारित कहानियों पर किताबें

ज़िजिफस्—1990, **नथनियल**—1988.

संपर्क

सी. लाइज़ोना
दिन्थार, आइजॉल,
मिजोरम : 796001,
दूरभाष : 0389-2326365/2324290 (नि.)

सी. ठुअमलुअइअ

परिचय

सी. ठुअमलुअइअ का जन्म दक्षिणी मिजोरम में 1922 में हुआ । उनके पिता का नाम ललङ्हिगा तथा मां का नाम दारलियानछिंगी था। तीन भाई और दो बहनों के परिवार में वे सबसे छोटे थे। ठुअमलुअइअए लुङ्लेइ उच्च विद्यालय में 1956 तक प्रधानाध्यापक रहे। 1957 ई. में उन्होंने असम विधान सभा के लिए चुनाव लड़ा और विजयी रहे। वे विधान सभा के सदस्य के रूप में दो बार चुने गए। विधान सभा के सदस्य के रूप में उन्होंने अपनी कोशिशों से सायहा में एक उच्च विद्यालय की स्थापना की। वे इस उच्च विद्यालय के प्रथम प्रधानाध्यापक भी रहे। महान मिजो गीतकार लालजोवा की बेटी से उनका विवाह हुआ। जीवन पर्यंत वे सक्रिय राजनीति में रहे। 29 मई, 1959 को अचानक ठुअमलुअइअ के सिर में तेज दर्द हुआ और उसी दिन उनका देहांत हो गया। उन्हें लुङ्लेइ के कब्रिस्तान में 30 मई, 1959 को दफनाया गया।

शिक्षा

ठुअमलुअइअ ने सेंट एडमंड्स कालेज, शिलांग से 1950 में स्नातक डिग्री प्राप्त की।

अवदान

ठुअमलुअइअ कथाकार तथा कवि थे। उन्होंने एक उपन्यास तथा तीन कहानियां लिखीं। उन्होंने कुछ कविताएं तथा साहित्यिक लेख भी लिखे जिसमें से तीन लेख अंग्रेजी भाषा में थे। ये लेख वे अपने जीवन में प्रकाशित नहीं करा पाए थे। ये लेख हैं—**द डिजैस्टर, क्रिस्टियन फेस्टिवल्स, द डेज दैट फौलोड।**

प्रकाशित कृतियां

जौरम निपुइ (मिजोरम में ग्रीष्म ऋतु), **कन नुन खुअरेइ अन चङ तुर हि** (हमारा जीवन कैसे लुप्त हो जाएगा), **टोङ् हूमासोन नान** (भाषा के विकास के लिए), **पु हमारा लेइलेत वेङ** (मिस्टर हमारा की जगह)।

दरछोना

परिचय

दरछोना का जन्म 26 जनवरी, 1936 में हुआ। उन्होंने अपना जीवनक्रम 1960 से थिंगसाई हाईस्कूल के हैडमास्टर के रूप में शुरू किया। उसके बाद वे लेक्चरर बन गये और फिर प्रोफेसर के रूप में भी पी.एम.जी. कॉलेज में कार्य किया। बाद में उन्होंने लुंगलेई कॉलेज, पी.यू. कॉलेज एवं जॉनसन कॉलेज के प्रिंसिपल के रूप में अपनी सेवाएं दी। 1958 में शिलांग में उन्होंने मेजर ध्यानचन्द के सान्निध्य में हॉकी का प्रशिक्षण लिया। उन्होंने कई समितियों व संगठनों की अध्यक्षता भी की। उन्होंने कई एशिया प्रशांत एवं दक्षिण एशियाई देशों के साथ-साथ इटली, फ्रांस आदि का भ्रमण भी किया है। वे 1995-96 के आजाद हिन्द एक्सपीडीशन दल के भी सदस्य रहे जब उन्होंने नेता जी सुभाषचन्द्र बोस व उनकी फौज के द्वारा साउथ ईस्ट एशिया में प्रयुक्त किये गये मार्ग को खोज निकाला।

शिक्षा

दरछोना एम.ए. व डी.लिट. हैं। वे संगीत, प्रौढ़ शिक्षा प्रशिक्षण के डिप्लोमाधारी हैं। उन्होंने सैन्ट एन्टनी कॉलेज, थियोलोजिकल कॉलेज, सिडनी, मेलबोर्न कॉलेज ऑफ डिविनिटी, मेलबोर्न में भी अपनी उपस्थिति दर्ज कराई। उन्होंने कैलीफोर्निया (अमेरिका) में भी शिक्षा प्राप्त की।

अवदान

दरछोना ने विभिन्न विषयों पर अनेक पुस्तकें लिखी हैं। मिजोरम में हिन्दी के प्रचार व प्रसार में भी उन्होंने महत्वपूर्ण योगदान दिया है। 1980 से 2001 तक वे मिजोरम हिन्दी प्रचार सभा के अध्यक्ष रहे और अपने इस कार्यकाल में उन्होंने 50 प्रचार केंद्र, आठ स्कूल व एक राष्ट्रभाषा महाविद्यालय खोला। हिन्दी के प्रयोग को बढ़ावा देने के सन्दर्भ में उन्होंने कई लेख व पर्चे प्रकाशित करवाए। हिन्दी भाषा के प्रचार हेतु किये गये कार्य के आधार पर उन्हें 1999 में राष्ट्रपति पुरस्कार मिला। आजाद हिन्द एक्सपीडिशन 1995-96 के दौरान दरछोना को दक्षिणी पूर्वी एशिया के विभिन्न देशों में वार्ताएं देने का अवसर

प्राप्त हुआ। 1963 से ही वे आकाशवाणी व दूरदर्शन पर लगातार कार्यक्रम देते रहे हैं।

दरछोना संगीत, कला, साहित्य व संस्कृति में रुचि रखते हैं। दरछोना कई संस्थाओं एवं संगठनों के सदस्य भी रहे। यथा—जनरल काउंसिल ऑफ साहित्य अकादमी (1991-96) संगीत नाटक अकादमी (1990-92), हिन्दी सलाहकार समिति, भारत सरकार (2001-2003), हिन्दी साहित्य चयन बोर्ड (2001-2002), फेलो ऑफ यूनाइटेड राइटर्स एसोसियेशन और ललित कला अकादमी (1992-94)। दरछोना ने राष्ट्रीय तथा राज्य स्तर के मिज़ो तथा अंग्रेजी भाषा के सेमिनारों में शोधपरक पत्र प्रस्तुत किए तथा पढ़े।

उन्हें भारत रत्न अवार्ड 2001 में तथा भारत ज्योति अवार्ड 1999 में दिया गया। उन्हें दिसम्बर 2004 में मिजो अकादमी अवार्ड मिला और वर्ष 2005 में पद्मश्री पुरस्कार से सम्मानित किया गया है।

प्रकाशित कृतियां

म्युजिक डिक्शनरी (संगीत शब्दकोश)—2004, **सेवीज लेह् लोरेन-ते मिज़ौ लिट्रेचर-आ अन ह्नथोह्** (सेविज और लौरेन की देनः मिजो संस्कृति)—2004, **ह्ला सियामतु ह्मिंङथङते** (वरिष्ठ संगीतकार)—2003, **खोवेल हीस्टोरी एण्ड कल्चर** (विश्व इतिहास और संस्कृति)—2002, **उपाते रोङवोलना** (बुजुर्ग नागरिकों की समाज में भागीदारी)—2002, **कौह्रान चानचिन** (चर्च का इतिहास)—1999, **वेइसेइ रम** (मेरा साहित्यिक कार्य)—1999, **कुम साङ रौरेल** (शताब्दी राज्य)—1998, **कौह्रान थुरिन** (चर्च की)—1998, **मिज़ौ कल्चर** (मिजो संस्कृति)—1993, **खोथ्लाङ म्युजीक एण्ड मिज़ौ कल्चर** (पश्चिमी संगीत तथा मिजो संस्कृति)—1992, **म्युजिक थिउरी** (संगीत सिद्धांत)—1984, **वप्टीस इनकाइह्रूह्रूआइना** (बैप्टिस्ट सिद्धांत)—1976, **नाउपाङ जीरलाइबु** (जूनियर लैसन्स)—1975, **जिरतिरतु** (शिक्षक)—1974, **थिम अता एङह्** (अंधेरे से उजाले की ओर)—1974, **म्युजीक जीरना** (संगीत के मूलतत्व)—1970।

संपर्क

दरछोना
कुलिकॉन, आइजॉल,
मिजोरम : 796005
दूरभाष : 0389-2323570 (निवास)

देङ्छुअना

परिचय

देङ्छुअना का जन्म मिजोरम में आइजॉल स्थित कुलिकॉन में 7 अप्रैल, 1929 को हुआ। 11 मई 2004 को उनका देहावसान हुआ। उनके पिता का नाम लल्हलिरा तथा मां का नाम मितिनछिंगी था। उनके नौ भाई बहन थे। 1968 में उन्होंने असम सिविल सेवा की परीक्षा दी जिसमें उन्होंनें पांचवा स्थान प्राप्त किया। इस सेवा में उन्होंने असम के विभिन्न भागों में काम किया।

शिक्षा

देङ्छुअना ने हाई स्कूली शिक्षा शिलांग में पाई क्योंकि उन दिनों मिजोरम में कोई उच्च विद्यालय न था। मात्र ग्यारह वर्ष की उम्र में ही वे हाई स्कूल में आ गए थे। पर पारिवारिक कठिनाइयों के कारण वे नियमित छात्र के रूप में अपनी शिक्षा जारी नहीं रख सके और मैट्रिक प्राइवेट छात्र के रूप में किया। उन्होंने इंटरमीडिएट तथा उससे आगे स्नातकोत्तर तक की पढ़ाई प्राइवेट छात्र के रूप में ही की।

अवदान

देङ्छुअना ने दस पुस्तके लिखीं जो प्रायः साहित्यिक निबंध हैं। उनकी 200 से अधिक पृष्ठों की अंतिम पुस्तक ह्रिङ्चन पिअल्लेइ में इकतीस लेख हैं। लेखन के अतिरिक्त अनुवाद कार्य में भी वे रुचि रखते थे। उन्होंने उमर खय्याम की कृतियों का मिजो भाषा में अनुवाद किया। उन्होंने रवीन्द्रनाथ की गीतांजलि का भी मिजो अनुवाद किया। इसके अतिरिक्त कुछ मिजो लोकगीतों का अंग्रेजी में अनुवाद भी किया है। उदाहरणार्थ ऐसे एक गीत का अनुवाद यहां प्रस्तुत है–

"बनने दो मुझे एक फूल/एक जंगली फूल–उगा उस रास्ते पर जिस पर गुजरती है मेरी प्रिया/तोड़ ले वह मुझे/बच्चे-सी खुशी के साथ" देङ्छुअना के वाग्विदग्ध कथनों और लेखन ने उन्हें बुद्धिजीवियों का चहेता बना दिया था। विख्यात लेखक, कवि नाटककार तथा विद्वान डॉ. ललतलुआङलियाना खियांग्ते ने उनकी मृत्यु पर लेखक समाज की ओर से गहन दुःख प्रकट करते हुए लिखा था–

मैं कौन होता हूं तुम्हारे लिए/रोने वाला/दुख के आंसू बहते/गर्म झरने जैसे/

तुम्हारी एकाएक कुसमय मृत्यु/ दिलाती है याद हमें/ तुम्हारे बड़प्पन की/ शांति-शांति/तुम करो आराम पृथ्वी पर/उस दिन तक–जब स्वर्ग में हमारी/ होगी मुलाकात, आमीन!

प्रकाशित कृतियां

साङ्‌जुअला पा कुतूछुअक (देङ्‌छुअना का साहित्यिक कार्य), **ह्रिरङ्चन पिअल्लेइ** (निबंध संकलन), **दुहूअइसाम** (आदर्शवाद), **दुहूअइसाम-II** (आदर्शवाद का दूसरा खंड), **बाइबल ए थू इन्थुप लेह साइंटिस्ट-ते** (बाइबल और वैज्ञानिक का गोपनीय कोड), **पाथिअन टीहदामना लेह डॉक्टर ते थियाम्ना** (अच्छी भविष्यवाणी और चिकित्सा विज्ञान)।

सूचना संपर्क

देङ्‌छुअना
द्वारा सुश्री व़ानरमी
तुइखुअह्‌त्लाङ, आइजॉल : 796001 (मिजोरम)

जेम्स् दौखूमा

परिचय

जेम्स् दौखूमा 15 जून, 1932 में सियालसुक नामक स्थान में एक किसान परिवार में पैदा हुए। उनके पिता का नाम स्क्रांगचेचिना और माता का नाम कतकुंगी था। वे अपने सेवाकाल के दौरान स्कूल में हिन्दी पढ़ाते थे। नौकरी से सेवानिवृत्त होने के बाद अब वे लेखन कार्य में ही समय लगाते हैं। वे राजनीति में सक्रिय हैं तथा एक अच्छे वक्ता के रूप में प्रसिद्ध हैं।

शिक्षा

उन्होंने पांचवीं जमात तक पढ़ाई की है तथा मिलिट्री सर्टिफिकेट कोर्स किया है।

अवदान

जेम्स् दौखूमा मिजो कवि, कहानीकार, नाटककार, निबंधकार, इतिहासकार तथा पत्रकार हैं। जेम्स् दौखूमा ने तीस से भी अधिक पुस्तकें लिखी हैं। उन्होंने वे साहित्य की विविध विधाओं यथा कविता, कहानी, नाटक, उपन्यास, आत्मकथा, निबंध, इतिहास, तथा यात्रा संस्मरण आदि विधाओं में लिखा है।

उन्हें कई पुरस्कार–जैसे कि **भाषा सम्मान, पद्मश्री** और **अकादमी सम्मान** मिल चुके हैं। इन्हें **मिजो अकादमी** द्वार वर्ष के सबसे अच्छे लेखक का 5 बार पुरस्कार–1984,1986,1988,1991,1996 से सम्मानित किया जा चुका है।

प्रकाशित कृतियां

सांगपुर-ए मिजो सालतांगटे (सांगपुर में मिजो बंदी)–2002, **लाम्सआका** (लाम्सुआका का भाग्य)–2001, **चो. छूङा छाछिन** (चो छूङा की जीवनी)–1999, **थला हलेंगा जन-२** (पूर्णिमा-2)–1999, **जोखा नुन** (ग्रामीण जीवन)–1998, **का थिनलुंग लुआंगलिआम** (मेरी कविताएं)–1996, **रिलरू फार छुआक** (चुने हुए निबन्ध)–1995, **मक एंड मक** (पिरामिड)–1995, **अन वा हलु एन थिंगलुंग तिनरेंग** (कितने अनमोल हैं ये!)–1995, **नेताजी सुभाष चन्द्र बोस**–1993, **हमेइछिआ लेह मिपा इनदोना** (आदमी और औरत की लड़ाई)–1993, **हमानलाई मिजो कालफुंग** (मिजो

इतिहास)–1992, **सिलाइमु नगाइहाउन** (यादगार गोली)–1992, **खवार इन** (शोकाकुल परिवार)–1990, **छुंग्कुआ सिपाइ अनखाउन थुपुई** (घर)–1990, **लोनसम कॉवबॉय** (अकेला कॉवबॉय)–1990, **का हलाहरिल** (मेरी कविताएं)–1989, **थांग अन हरियहफिआना** (कठिन शब्द और उनके अर्थ)–1989, **गब्बाथा** (गब्बाथा)–1989, **नुन्नाबु-ए हमीनंमग छुआंटे** (जीवन की पुस्तक)–1986, **किमोतो, सायोनोरा** (अगर आप बुरा न माने तो, अलविदा : किमोतो)–1984, **गुड वाय, लुशाइ ब्रिगेड** (अलविदा : लुशाई ब्रिगेड)–1983, **मुहावरे और कहावतें**–1983, **हमांगाइना थुछाह** (प्यार का संदेश)–1982, **एरावदी लुई कामाह** (एरावदी नदि तट)–1982, **रिनाउमिन** (आपका विश्वासी)–1981, **तुमपांगछल नगे साइथङ्पुई** (जंगली मिथुन और साइथङ्पुई)–1981, **का इनपुआना** (मेरे पाप स्वीकरण)–1981, **फिन्ना हमाहरुआइ** (बुद्धिमानी)–1980, **आरसी थौंथु** (तारों की कहानी)–1979, **नी लेह थला कराह लेंग** (साइलौ जाती)–1978, **हमासाउन्ना** (उन्नती)–1978, **हुसाक आइन हरिसेल ए हलू जॉक** (जन कल्याण उपदेश एक तन्दुरुस्ती)–1978, **थला हलेंगा जन** (पूर्णिमा)–1977, **खावथ्लांग इनजिरना** (हजार नियामत)–1977, **तुमना छू ए हलाहलिंग थिन** (जहां चाह, वहां राह)–1976, **जोराम थुआलतो कोहरान छानचिन** (मिजोरम के मूल धार्मिक संप्रदाय)–1975।

संपर्क

जेम्स् दौखूमा
कुलिकॉन, आइज़ॉल, मिजोरम : 79600,
दूरभाष : 0389-2323390

जे. मलसोमा

परिचय

जे. मलसोमा का जन्म मिजोरम में आइजॉल से 63 मील उत्तर थुङ्सुन गांव में 28 फरवरी, 1930 को हुआ। उनके पिता का नाम लिअनहनोका था। उन्होंने स्काउटिंग में सक्रिय रूप से भाग लिया। उन्हें प्रवीणता के 24 बैज के साथ किंग्स स्काउट (जिसे अब प्रेसिडेन्ट्स स्काउट नाम दे दिया गया है) का सम्मान दिया गया। वे क्लब मास्टर तथा सहायक स्काउट मास्टर भी बने। 1985 में असम उच्च न्यायालय में अधिवक्ता का काम करने लगे और पांच साल तक वकालत की। जे. मलसोमा 1962 में मिजोरम सिविल सेवा में आ गए और वे विभिन्न पदों पर जैसे मैजिस्ट्रेट एंड रेवेन्यू आफिसर, अवर सचिव, मिजोरम सरकार, सचिवालय प्रशासन, सामान्य प्रशासन तथा कार्मिक तथा प्रशासनिक सुधार विभाग, सचिव एवं निदेशक, स्थानीय प्रशासन विभाग, सचिव, मिजोरम विधान सभा, और निदेशक, प्रशासकीय प्रशिक्षण संस्थान पर काम किया। 1988 ई. में सेवानिवृत्ति के बाद उन्हें पुनः एक वर्ष के लिए सेवा में रखा गया। समाज सेवा में उन्होंने गहरी रूचि ली और विभिन्न संगठनों से संबद्ध रहे जिसके संक्षिप्त विवरण निम्न प्रकार हैं—

अध्यक्ष, टी.जेड.वाई.एम.ए. (1946—48), अध्यक्ष, सेंट्रल यंग मिजो एसोसिएशन (1964-65), सलाहकार, मिजोरम सतर्कता परिषद्, कार्यपालक सदस्य, मिजोरम गार्डियन, सलाहकार, अध्यक्ष मिजो छात्र एसोसिएशन, व्याख्याता (पार्ट टाइम), पछुंगा मेमोरियल कालेज, सदस्य मिजो कस्टमरी कानून समिति।

शिक्षा

एम.ए., एल.एल.बी.।

अवदान

जे. मलसोमा ने विविध विषयों पर सौ से भी अधिक निबंध तथा लेख लिखे है। उनकी पांच पुस्तकें प्रकाशित हो चुकी हैं। ये पुस्तकें मिजो भाषा के स्नातक तथा स्नातकोत्तर पाठ्यक्रमों के लिए लिखी गईं हैं।

इनकी पुस्तक **ज़ौज़िअ** मिजो लोगों के धार्मिक एवं नैतिक दर्शन, उनकी

संस्कृति एवं परंपरा और सांस्कृतिक मूल्यों पर केन्द्रित है। इस पुस्तक का पहला संस्करण इतना लोकप्रिय हुआ कि कुछ ही महीने में इसकी सारी प्रतियां बिक गईं। इसका दूसरा संस्करण प्रकाशित हुआ है और बाजार में उपलब्ध है।

इनकी दूसरी पुस्तक **व़ाङ्लाइ** में लेखक की आत्मकथा संबंधी कुछ जानकारियां हैं जो लेखक के बेहतरीन लेखों से उद्धृत हैं। इसके अतिरिक्त इसमें प्राचीन मिजो धर्म और दर्शन तथा कुछ विशिष्ट मिजो व्यक्तियों की जीवनी भी है।

इनकी पुस्तक **मिजो पोएम्सः ओल्ड एंड न्यू** (1962) ने हलचल मचा दी थी। इसमें विविध प्रकार की मिजो कविताएं जो मिजोरम पर ब्रिटिश आधिपत्य होने के पहले मौखिक रूप से पीढ़ी दर पीढ़ी चली आ रही थीं, संकलित है। ये कविताएं प्रायः भुला दी गई थीं और चर्च के नेताओं ने इन्हें ईसाई धर्म विरोधी घोषित कर दिया था।

वे राज्य सलाहकार मंडल, जनजातीय कला, संस्कृति तथा भाषा तथा इंडियन नेशनल ट्रस्ट फॉर आर्ट एंड कल्चरल हेरिटेज के सदस्य भी रहे हैं। जे. मलसोमा मिजो अकैडमी ऑव लेटर्ज के संस्थापक सचिव (1964-65) तथा सलाहकार भी रहे हैं। वे मिजोरम पब्लिकेशन बोर्ड के सदस्य हैं।

उनकी कृतियों के लिए नंवबर 2001 में उन्हें **मिजो अकेडमी ऑफ लेटंर्ज ने उच्चतम पुरस्कार अकादमी अवार्ड** से सम्मानित किया। मिजो राइटर्ज एसोसिएशन ने भी जे मलसोमा को तीन बार प्रशस्ति पत्र दिया है।

प्रकाशित कृतियां

ज़ौज़िअ (मिजो जाति : दर्शनशास्त्र)—2003, **व़ाङ्लाइ** (युवावस्था के दिन)—1995, **नोट्स ऑन मिजो पोएम्स** (मिजो कविताओं पर टिप्पणी)—1969, **ज़ौनुन** (निबन्ध रचना : मिजो संस्कृति)—1963, **मिजो पोएम्स ओल्ड एंड न्यू** (प्राचीन तथा आधुनिक मिजो कविताएं)--1962।

संपर्क

जे. मलसोमा
बी/37, मैकडोनाल्ड हिल,
जरकॉट, आइजॉल,
मिजोरम : 796001
दूरभाष : 0389-2341000

खॉलकुंगी

परिचय

खॉलकुंगी का जन्म 14 सितंबर, 1927 को आइजॉल (मिजोरम) में मिशन वेंग थियांग में हुआ। सरकारी सेवा से निवृत्त हो चुकी खॉलकुंगी, विभिन्न क्षेत्रों में अपने योगदान के लिए कई पुरस्कार प्राप्त कर चुकी हैं। इनके अतिरिक्त कलकत्ता की एयरफोर्स यूनिट की विभिन्न आग्ज़िल्यरी कोर (इंडिया) में इक्विपमेन्ट असिस्टेन्ट के पद पर द्वितीय विश्व युद्ध के दौरान की गई अपनी सेवाओं के लिए उन्हें 'युद्ध पदक' भी प्राप्त हुआ है।

शिक्षा

उनकी शिक्षा 8वीं कक्षा तक हुई।

अवदान

खॉलकुंगी कहानी, उपन्यास, नाटक, निबंध लिखने के अतिरिक्त पत्रकारिता के क्षेत्र में भी सक्रिय रही हैं। उन्होंने अपनी आत्मकथा भी लिखी है तथा वे एम.एच. आई.पी. द्वारा प्रकाशित पत्रिका **रुन लुम** की संपादक भी रह चुकी हैं। खौलकुंगी मुख्य रूप से कथाकार हैं। वे मिजो भाषा रोमन लिपि में लिखती हैं। अपनी पुस्तक **सांगी रिनओम्ना** से उनकी लेखन-यात्रा का आरंभ हुआ। अब तक उनकी अनेक पुस्तकें छप चुकी हैं जिनके लिए उन्हें कई तरह के पुरस्कारों से अलंकृत किया जा चुका है। उनके साहित्यिक योगदान में बत्तीस नाटक एकांकी तथा कहानियां, चार गद्य पुस्तकें, दस जीवनियां तथा चौवालिस मिजो भाषा में अनूदित पुस्तकें हैं।

1977 में **ज़ोलपाला थ्लानत्लांग** नाटक तथा कहानी प्रतियोगिता में उनकी कहानी को प्रथम पुरस्कार मिला। उनकी यही रचना स्नातक कोर्स में मुख्य विषय के रूप में पाठ्यक्रम में शामिल की गई। 1983 में पुनः **मौनु सुआल** नामक उनकी कहानी को प्रथम पुरस्कार प्राप्त हुआ। मिजो साहित्य में उनके योगदान के लिए उन्हें 1987 में **पद्मश्री सम्मान** मिल चुका है। 1988 में जब उन्हें गर्ल गाईड्ज़ के लिए स्पेशल सर्विस स्टार दिया गया, उस समय वे असिस्टेन्ट कमिश्नर के रूप में काम कर रही थीं। उन्हें अकेडमी ऑफ लेटर्ज ऑफ मिजोरम की ओर से 1998 में **अकादमी सम्मान** भी मिला है।

प्रकाशित कृतियां

चानतोका खोरेल (किस्मत)–2003, **थोन् थु**–7 (7 कहानियां)–2001, **लेमचान थोन्थु थ्लान छुआह्** (चुने हुए एकांकी)–1998, **थोन् थु** 70 (70 कहानियां)–1998, **दुह्ताक साङपुई** (प्रिय साङपुई)–1998, **कन छेह्वेल रम थोनथु** (पड़ोसी राज्यों की कहानियां)–1992, **ह्मानलांइ मि थियांग ह्लिम्ते** (प्राचीन ऋषि-महाऋषियां)–1990, **थोन् थु जा** (सौ कहानियां)–1989, **थोन् थु** 8 (8-कहानियां)–1989, **थोन् थु** 7 (7 कहानियां)–1988, **ह्मानलाइ हियान मो** (एक दिन की बात है)–1987, **गर्ल गाइड थोन् थु** (गाइड-लड़की की कहानियां)–1984, **ज़ोलपाला थ्लानत्लांग** (जोलपला की समाधि)–1984, **थोन् थु तोइ** (छोटी-छोटी कहानियां)–1983, **पासाल दुह् थ्लान** (मन पसंद दुल्हा)–1982, **थोन् थु** 5 (पांच कहानियां)–1982, **थोन् थु** 3 (तीन कहानियां)–1981, **ललफ़ापा लेह् कुतदोह्** (राजकुमार और भिखारी)–1981, **मूडीअ चनचिन तोइ** (मूदी की जीवन कहानी) (संक्षिप्त)–1980, **खिस्टा थिह् नि** (यिशु की पुण्यतिथि)–1980, **फ़ाह्रह नुन** (यतिम का जीवन)–1979, **थोन् थु मिन ह्रिल्ह् रोह** (कह एक कहानी)–1979, **अ त्लाइ लुतुक ता** (बहुत देर हो चुकी है)–1979, **थोन् थु** 2 (दो कहानियां)–1978, **सांगी रिनओमूना** (साङी की ईमानदारी)–1978 **मोनू सौल** (खलनायिका बहू)।

संपर्क

खोलकूंगी
एम-52, मिशन वेङ्थ्लाङ,
आइजॉल, मिज़ोरम, पिन : 796005

एल.टी. लियाना खियाङ्ते

परिचय

एल.टी. लियाना खियाङ्ते का जन्म 28 जून, 1961 को साइतुआल ग्राम, जिला-आइजाल में हुआ। उनके माता-पिता टी. एच थांग्गा एवं दारङेनी थे। खियाङ्ते एक विद्वान हैं व मिजोरम यूनीवर्सिटी के मिजो विभाग में अकादमी के सदस्य, साहित्य विशेषज्ञ एवं रीडर (अध्यक्ष) हैं। ए.बी.आई यू. एस. एस. द्वारा 1997 की डिस्टिंग्विश्ड लीडरशिप डाइरैक्टरी एवं 2000 की **पैसिफिक हू ज हू** में उनका नाम व विवरण शामिल किया गया है। साहित्य अकादमी के **हूजहू ऑफ इन्डियन राइटर्स** में भी उनका नाम सम्मिलित किया गया। इंदिरा गांधी नेशनल ओपन यूनिवर्सिटी अंग्रेजी की मास्टर्स ड़िग्री के लिए वे एकेडेमिक परामर्शदाता हैं और मिजोरम सरकार के अधीनस्थ मिजो भाषा बोर्ड ऑफ स्टडीज-मिजो, मिजोरम यूनीवर्सिटी के बगूस अध्यक्ष, नेहू के सदस्य, जोप्पेन (मिज़ो पोएट, प्लेराइट, एस्सेइस्ट, नॉवलिस्ट क्लब इन्टरनेशनल) के अध्यक्ष तथा साहित्य एकेडेमी (नेशनल एकेडेमी ऑफ लैटर्स—2003-2007) की जनरल काउन्सिल के सदस्य हैं। वे संगीत नाटक अकैडमी 2004-2008 (नेशनल अकादमी ऑफ म्यूजिक, डांस एण्ड ड्रामा) के सदस्य भी हैं। इसके अतिरिक्त आल इंडिया ट्राइबल लिटरेरी फोरम के उपाध्यक्ष तथा आल इंडिया ट्राइबल लिटरेरी फोरम के ईस्टर्न नॉर्थ ईस्ट जोन के अध्यक्ष हैं। ये ऐसीटेज इंडिया (थियेटर ग्रुप) के उपाध्यक्ष, मासलेट इंडिया के यंग मिजो एसोसिएशन के अध्यक्ष भी हैं। वे पूर्वोत्तर राज्यों के अखिल भारतीय आदिवासी साहित्य मंच क्षेत्रीय कमेटी के संयोजक और राष्ट्रीय स्तर पर इसके केन्द्रीय कार्यकारिणी के सदस्य भी हैं।

शिक्षा

एल.टी. लियाना खियाङ्ते अंग्रेजी (भाषा विज्ञान) में एम.ए. हैं। उन्होंने 1991 में नॉर्थ ईस्ट हिल यूनिवर्सिटी से 1991 में अंग्रेजी मिजो साहित्य में पीएच.डी. की है। डाक्टरेट करने के बाद लोकसाहित्य और आधुनिक मिजो साहित्य में शोधकार्य किया और 1999 में उन्हें डाक्टरेट ऑफ लिटरेचर मिली।

अवदान/पुरस्कार

एल.टी. लियाना खियाङ्ते एक विख्यात मिजो नाटककार, निबन्ध लेखक, कवि,

लोक साहित्य मर्मज्ञ व समालोचक हैं। एल.टी. लियाना खियाङते ने सन् 1977 में, जब वे स्कूल में दसवीं कक्षा में थे, तब से ही लेखन शुरू किया। उनकी अंग्रेजी व मिजो भाषा में अट्ठाईस पुस्तकें प्रकाशित हो चुकी हैं। इन्होंने मिजो भाषा में तीस से अधिक नाटक लिखे हैं जिनमें से सत्रह पुस्तक रूप में प्रकाशित हो चुके हैं। वे क्षेत्रीय और राष्ट्रीय सम्मेलनों व सेमीनार में सौ से ज्यादा शोध-परक पर्चे प्रस्तुत कर चुके हैं। उनके लगभग छः सौ से अधिक आलेख पत्र-पत्रिकाओं में प्रकाशित हुए हैं। खियाङते को कई पुरस्कार व अवार्ड मिल चुके हैं जिनमें से कुछ इस प्रकार हैं—बुक ऑफ द ईयर अवार्ड 1997, सर्वोत्तम लेखक का पुरस्कार तीन बार, 2002, 2003 तथा 2004 में (राज्य के सर्वश्रेष्ठ साहित्यकार), डिस्टिंग्विश्ड प्लेराइट अवार्ड—2002, राष्ट्रीय लोक भाषा सम्मान—2003 (राष्ट्रीय पुरस्कार)।

प्रकाशित कृतियां

अंग्रेजी में

वर्ल्ड लिटरेचर—2005, **गोल्डन लाइन्स**—2004, **मेमोरेबल पोएम्स एंड एस्सेज**—2003, **मिजो सौंग्स एंड फॉक टेल्स** (मिजो गीत और लोक कथा) (साहित्य अकादेमी)—2001, **मिजो एन इन्ट्रोडक्शन टू मिजो लिटरेचर (पेपर्स एंड पोएम्स)** (मिजो साहित्य एक परिचय (पर्चा और कविता)—2001, **स्पिरिट ऑफ नाइट** (रात की प्रेरणा) (कविता एवं आलेख संग्रह)—2001, **फॉकलोर-1 : फॉक टेल्स ऑफ मिजोरम** (लोक साहित्य-1 : मिजोरम की लोक कथाएं)—1997, **मिजो ड्रामा-ओरिजिन, डेवलपमेंट एंड थीम्स**—1993 (कास्मो पब्लिकेशन, नई दिल्ली) तथा भाषा एवं साहित्य के छात्रों के लिए अनेक शैक्षणिक हेल्प बुक्स।

मिजो में

लुङ्लू (डायमंड)—2004, **ज़ालेनूपार** (परिकल्पना)—2003, **थ्लालेर नुला** (रंगीस्तानी औरत)—2002, **हेमलेट लेहू अजियाकतु** (हमलेट और उसका लेखक)—2002, **थ्लिफ़ीम** (ठंडी हवा—मिजो कविता)—2001, **चानतुआल एनूनोम** (एकांकी नाटक)—2001, **लियाङ्खाइअ लुङ्फुन** (लियानखाया का स्मारक)—2000, **मिज़ौ थुज़िअक थ्याङ छुआते** (चुने हुए मिजो लेख)—1999, **मिज़ो ऐरिल थ्याङ छुआते** (चुनी हुई कविताएं एवं गीत)—1999, **इनफियाम्ना खोवेल लेहू रोङ्बोल्ना** (खेल जगत और चर्च मंत्रिमण्डल)—1998, **पासाल्टा खुआङ्चेरा** (ऐतिहासिक नाटक—खुआङ्चेरा : एक योद्धा-ड्रामा)—1997, **बियाकलियाना रैबोम** (बिआकलिआना का खजाना)—1996, **थुहूलारिल** (मिज़ो साहित्य का ऐतिहासिक पल)—1995,

लेमचान खोवेल-ललनु रौपुइलियानी (रानी रौपुइलियानी–तीन ऐतिहासिक नाटकों का संग्रह)–1994, **थालाइ चनचिन** (इसाई युवाओं का इतिहास)–1993, **चनचिनटा मेइछेर** (उपदेशों की मशाल)–1993, **लेहूखाबू रमतिआम** (पुस्तकों का अध्ययन)–1993, **थुपुइ ज़िरबिङ्ते** (चुने हुए विषय)–1989, **थुपुइ पोइमोहू पालि** (चार चुने हुए विषय)–1989.

संपर्क

डॉ. एल.टी. लियाना खियाङ्ते
रीडर एवं विभागाध्यक्ष, मिजो डिपार्टमेंट
मिजोरम यूनिवर्सिटी, आइजॉल
दूरभाष : 0389-2348143/232550
मोबाइल : 9436141119 (आइजॉल), 9891326766 (दिल्ली)
फैक्स : 0389-2340313

आवास

बी-43, फ़करून, मिशन वेंङ्, आइजॉल
मिजोरम, इंडिया–796001
दूरभाष : 0389-2326365 / 2325220
ई-मेल : lal_khiangte@hotmail.com

ललसाङ्जुआली साइलौ

परिचय

ललसाङ्जुआली साइलौ का जन्म 15 मई, 1952 को थिङ्साई, मिजोरम में हुआ। इनके पिता का नाम व़ानछूमा साइलौ है और माता का सापथांगी चोङ्थु। ललसाङ्जुआली साइलौ अभी राजकीय जे. एल. हायर सैकेन्डरी स्कूल, आइजॉल में प्रधानाध्यापिका हैं। इनका विवाह ललदिनलियाना से हुआ है और इनके दो पुत्र व एक पुत्री है।

साइलौ अपनी दो मीटर लम्बी केश राशि के लिये भी मशहूर हैं। इनका दावा है कि इनके बाल विश्व में सबसे लम्बे हैं। बहरीन के समाचार पत्र **गल्फ डेली न्यूज** ने भी इनके बारे में अप्रैल 1986 में एक फीचर प्रकाशित किया था। **द सन्डे मैगजीन** ने भी अपने लेख **लॉक्स, हर की टू फेम** में उनकी लम्बी केश राशि की भूरि-भूरि प्रशंसा की।

मिज़ो बुनाई, कशीदाकारी के हस्तशिल्प में सैलो बेहद रुचिशील है। इन्होंने अपने हाथों से साठ परिधान निर्मित किये हैं। अपने स्कूल कार्यानुभव कार्यक्रम की वे प्रभारी हैं।

साइलौ 1984 से ही मिजो **हूमेछिया इनसुइयखान पाल** (ऑल मिजो विमेन्स आर्गेनाइजेशन) की ब्रान्च अध्यक्षा रही हैं और एम. एच. आई. पी. मुख्यालय में 1984 से 1989 तक कार्यकारिणी समिति की सदस्या भी रही हैं।

शिक्षा

इन्होंने सन 1968 में सैन्ट जॉन बॉस्को कान्वेन्ट से मैट्रिकुलेशन किया। इन्होंने अपने स्नातक (आनर्स) की डिग्री सैंट मेरी कॉलेज शिलांग से ली। बी.एड. की परीक्षा पास करने के बाद वे अध्यापिका बन गईं। उन्होंने **मिज़ो साहित्य** में पी-एच. डी. की। इसके पश्चात् **लोक साहित्य और आधुनिक मिज़ो साहित्य** में 1999 में डी.लिट. प्रदान की गई।

अवदान

साइलौ की कविताएं, निबन्ध व कहानियां विभिन्न पत्र-पत्रिकाओं में छपती रही हैं। वे सत्रह पुस्तकों एवं तीन पुस्तिकाओं की लेखिका हैं। उनकी प्रिय कृति है

त्लोम वे लौ ललूनु रौपुईलियानी जो एक मिजो स्वतन्त्रता सेनानी की कहानी है। **थुथ्लुङ् थार ह्मेइछियाते** (विमैन ऑफ द न्यू टैस्टामेन्ट) एवं **सकह्मिंग चुल लौ** (नेम्स दैट विल नॉट फेड और बी फॉरगॉटन) में मिजो में कवयित्री **खुअंगथ्लि** के इतिहास का विवेचन किया गया है। अपनी कृति में उन्होंने वन्य जीवन व पर्यावरण से संरक्षण संबंधित मुद्दों की व्याख्या की है।

सैलो न केवल एक उत्कृष्ट साहित्यकार हैं बल्कि वे मशहूर एकल गायिका हैं और संगीत रचनाकार भी हैं। इन्होंने आकाशवाणी व दूरदर्शन पर अपने एकल संगीत कार्यक्रम दिये हैं। इनके छब्बीस एलबम हैं जो किसी भी मिज़ो गायक द्वारा निकाले गए अलबम की सबसे बड़ी संख्या है। अपने कार्यक्रम की प्रस्तुति के लिए वे भारत में तथा संयुक्त राज्य अमरीका एवं कनाडा के सैकड़ों शहरों में गई हैं। उन्होंने तीन सौ साठ से अधिक गीत रचे हैं, जिनमें से सात अंग्रेजी में हैं। उन्हें कई सालों तक मिजो भाषा के सर्वोत्तम गीत रचनाकार का सम्मान मिलता रहा।

ये एक विख्यात मिज़ो लेखिका हैं, साथ ही एक अच्छी गायिका व संगीतकार के रूप में भी प्रसिद्ध हैं। अपने बहुमूल्य योगदान के लिये इन्हें **पद्मश्री** से सम्मानित व पुरस्कृत किया गया। मिज़ोरम के लगभग 20 संगठनों से जुड़ी साइलौ कई सामाजिक सांस्कृतिक व साहित्यिक गतिविधियों में सक्रिय रही हैं।

साइलौ का नाम जनवरी 1977 में **करैन्ट टॉपिक्स** के **हू ज़ हू** कॉलम में सम्मिलित किया गया। कैलीफोर्निया के **पॉवर मैगज़ीन** के सम्पादक लॉरी लुन्ज ने साइलौ के बारे में एक पुस्तिका **हर ग्रान्ड पा वाज़ ए हैडहन्टर**, शीर्षक से लिखी।

ललसाङ्जुआली साइलौ को साहित्य, समाज सेवा तथा संगीत के लिए राज्य एवं राष्ट्रीय स्तर के कई पुरस्कार तथा सम्मान मिल चुके हैं। उनमें कुछ के नाम नीचे दर्ज हैं–

आइजॉल कॉलेज, आइजॉल द्वारा 1975 में प्रायोजित **पोपुलारिटी पौल वूमन ऑफ द ईयर** चयनित। **ऐनान टोनेज वीकली** द्वारा 1984 में आयोजित **पिक यौर पॉप** में 1981, 82, 83 में सबसे उत्तम गीत रचनाकार के रूप में **प्रथम पुरस्कार**। 1984 में **लैल्टे वीकली** द्वारा आयोजित **वूमन आफ द डिकेड** में सर्वश्रेष्ठ साहित्यकार के रूप में मान्यता। 1984, 1988, 1991, 1992, 1996 में **सर्वश्रेष्ठ गीत रचनाकार** घोषित। **लैल्टे वीकली** द्वारा आयोजित कार्यक्रम में 1994 की **सर्वश्रेष्ठ साहित्यकार**। मिजो राइटर्स एसोसिएशन की ओर से 1998 वर्ष की **सर्वश्रेष्ठ लेखिका**। आकाशवाणी की **सर्वश्रेष्ठ कलाकार**। **जोलेन्टू मैगजीन** 2000 द्वारा **शताब्दी की सबसे महान गायिका**। **पुबुआंगा एवार्ड** 2002, मिजो एकेडेमी ऑफ लैटर्स, जॉइन्ट हैडक्वाटर्स, लुंगलेई द्वारा लेखिका को उनके मिजो साहित्य में योगदान हेतु दिया गया। 1998

में **पद्मश्री एवार्ड** मिला। शिक्षा व समाज कल्याण के क्षेत्र में अवदान एवं योगदान हेतु विभिन्न संगठनों द्वारा कई **सम्मान** प्रमाण पत्र।

प्रकाशित कृतियां

का ह्रिङ् लमत्लुअंग (आत्मकथा)–2003, **त्लोम वे लौ ललूनु रैपुइलियानी** (एक स्त्री मिज़ो चीफ का इतिहास)–1999-2000, **का इनूपुअन्ना** (मेरा अनुभव)–1999-2000, **खुअंगथ्लि** (बिस्कोफिया जावानिका)–1999, **कुलवा** (पर्यावरण और वाइल्ड लाईफ पर एक पुस्तक)–1998, **सकह्मिगं चुल लौ** (मिज़ो स्त्री गीतकारों का इतिहास)–1995, **चिल्ड्रन्स सोंग बुक**–1990, **डेवोशनल कम्पोज्ड बाय ललसाङ्जुआली साइला**–1991, **लुङ्लेन ह्नेम्** (एकाकीपन को सहलाते हुए)–1987, **सोंग कम्पोज्ड बाय ललसाङ्जुआली साइलौ, खंड**-1 और 2–1984, **फ़मङ्इ ह्नेमूतु**–1984, **सोंग/हिम्स कम्पोज्ड बाय ललसाङ्जुआली साइलौ** (टोनिक सोल्फा के साथ)–1977।

संपर्क

ललसाङ्जुआली साइलौ
सी/9 बंगकाउन, आइज़ॉल,
मिजोरम : 796001
दूरभाष : 0389-2335905

एल. बियाक्लिआना

परिचय

एल. बियाक्लिआना का जन्म आइजॉल के मिशन वैंग में 26 अगस्त, 1918 को हुआ था। इनके पिता रेवेरेंड लियानखाइअ एक पादरी थे और उनकी माता डूरछुआनी साइतुआल गांव के मुखिया की पुत्री थीं। अट्ठारह वर्ष की आयु में जब वे स्नातक की पढ़ाई करना चाहते थे उस समय बियाक्लिआना टी.बी. की बीमारी के शिकार हो गये, जो उस समय लाइलाज थी। उन्हें दुरत्लाङ अस्पताल में भर्ती कराया गया। वहां उन्हें एक अलग भवन जिसका नाम **इन्टेथोवैंग** था, में रखा गया। इस **इन्टेथोवैंग** शब्द का अर्थ **छोटी हवादार झोपड़ी** है। उनके दोस्त कापह्लेइअ जो उसी बीमारी के संक्रमण के शिकार हो गये थे, को भी उसी भवन में रखा गया। अस्पताल से छुट्टी दिलाये जाने के बाद में जब उनके स्वास्थ्य में सुधार आया तब उन्होंने अपने आप को अपने गांव के सामाजिक विकास के कार्यों में झोंक दिया। उन्होंने बायज़ स्काउटिंग, गर्ल गाइड्ज़, बुलबुल्स, वुल्फ कब्ज एवं चर्च-कौयर के स्थानीय वर्ग (अध्याय) का शुभारंभ किया। उन्होंने **एल.एच.पी.** नामक एक संस्था स्थापित की। संस्था के इस नाम का मिजो में अर्थ है **लर्नर्ज सोसाइटी फॉर रीडिंग**। बियाक्लिआना पर तपेदिक (टी.बी.) का पुनः आक्रमण हुआ। अन्ततः वे रौबर्ट अस्पताल में 17 अक्टूबर, 1941 में स्वर्ग सिधार गये। उनका अन्तिम संस्कार उनके पिता द्वारा जैआव में स्थित कब्रिस्तान में दफना कर किया गया।

शिक्षा

बियाक्लिआना स्नातक डिग्री की पढ़ाई करना चाहते थे परन्तु बीमारी की वजह से वे पढ़ाई नहीं कर सके। वे अन्डर ग्रेजुएट ही रह गये।

अवदान

बियाक्लिआना प्रथम मिज़ो उपन्यासकार के नाम से जाने जाते हैं। जब वे अस्पताल में अपने मित्र कफेलिया के साथ थे तो दोनों मित्र मिलकर उपन्यास व कविताओं की रचना किया करते थे और अंग्रेजी कविताओं का मिजो में अनुवाद किया करते थे। यहां तक कि उन्होंने एक **छुरा समाचार पत्र** नामक हस्तलिखित

पत्रिका भी प्रकाशित करवाई। उन्होंने कई कहानियों व लोक साहित्य की पुस्तकों में पढ़ी कहानियों को अपनी भाषा में लिखा। इन पुस्तकों में **जॉन रस्किन, एज.डी. एडम्स, आर. एल. स्टीवेन्सन, थेकरे, अगाथा क्रिस्टी, मेरी कॉरेली एवं एच.आर. हैगार्ड** की पुस्तकें प्रमुख हैं। कहानी कथन के इस उपक्रम से गांव वालों के ज्ञान का विस्तार होने के साथ ही उनके मानस में साहित्य के प्रति एक लगाव की भावना स्पष्ट रूप से परिलक्षित हुई। बाद में रेवेरेंड मेडस एवं उसके पिता रेव. लियांगखाया की सलाह पर उन्होंने धर्मशास्त्र (थियोलॉजी) का अध्ययन करना शुरू किया और अन्ततोगत्वा चेर्रा थियोलॉजिकल कॉलेज मेघालय में भर्ती हो गये।

बियाक्लिआना के उपन्यास व कविताओं को अभी हाल में लोकप्रियता मिली है। एच. ललरिनफ़ेला (माफ़ा) अब उन्हें **मिजो कविता का जनक** मानते हैं। एल. टी. लियाना खियांग्टे, मिजो साहित्य के लेखक व समालोचक, बियाक्लिआना को **प्रथम मिजो उपन्यासकार** मानते हैं। बियाक्लिआना ने लोकप्रिय उपन्यास व कई कविताएं लिखीं। 1936 में केवल 18 वर्ष की उम्र में उन्होंने एक उपन्यास **हाविलोपारी** लिखा और 1937 में उन्होंने एक कहानी लिखी **लाली**। अपनी साहित्यिक गुणवत्ता के कारण दोनों कृतियां मिजोरम स्कूलों व कॉलेजों में छात्र छात्राओं के कोर्स बुक्स में सम्मिलित की गई हैं।

प्रकाशित कृतियां

लाली (पहली मिजो लघु कथा)–1937, **हाविलोपारी** (पहला मिजो उपन्यास)–1936।

संपर्क

एल. बियाक्लिआना
द्वारा-डॉ. एल.टी. लियाना खियांगते
बी-43, मिशन वेङ्
आइजॉल : 796001 (मिजोरम)

ललह्मिङ्लिअना साइओइ

परिचय

ललह्मिङलिअना साइओइ का जन्म मिजोरम के कॉलकुल्ह गांव में 1 जुलाई, 1940 को हुआ। उनके पिता का नाम थलहइआ तथा मां का नाम ललरुनी था। उनकी मां ने उन्हें फरवरी 1945 में जबरदस्ती स्कूल भेजा। उस समय वे काफी बीमार होने के कारण बिस्तर पर थीं। बीमारी से उन्हें मुक्ति नहीं मिल पाई और यह देखने को जिन्दा नहीं रह पाईं कि उनका बेटा कॉलकुल्ह प्राइमरी स्कूल का सबसे तेज छात्र बना। 18 जुलाई, 1964 को वे सरकारी नौकरी में आ गए और आई.ए.एस. अधिकारी बने। महाराष्ट्र काडर में आई.एस. अधिकारी के रूप में काम करते हुए उन्होंने इस सेवा से स्वैच्छिक सेवानिवृत्ति ले ली और 1 अप्रैल, 1993 को महाराष्ट्र प्रशासनिक अधिकरण, मुम्बई के सदस्य के रूप में नियुक्त हुए। महाराष्ट्र प्रशासनिक अधिकरण में वे 31 मार्च, 1998 तक काम करते रहे और उसके बाद केन्द्रीय प्रशासनिक अधिकरण, पटना बेंच में अप्रैल 1999 से दिसंबर 2001 तक काम किया। आई.ए.एस. अधिकारी का पद छोड़ने का मुख्य कारण यह था कि वे लेखन के लिए बेहतर मनःस्थिति में रहें। उन्होंने उक्त सेवा से स्वैच्छिक सेवानिवृत्ति के बाद नौ पुस्तकें लिखीं। आजकल वे पेंशन पर हैं और उन्हें तीन छोटी पेंशनें मिलती हैं।

शिक्षा

अर्थशास्त्र में बी.ए. (आनर्स)।

अवदान

साइओइ ने विभिन्न सांस्कृतिक, सामाजिक, राजनीतिक तथा धार्मिक विषयों पर मिजो भाषा में सौ से अधिक लेख लिखे हैं। उनके लेख विभिन्न पत्रिकाओं तथा दैनिक पत्रों में प्रकाशित हो चुके है। उनके लेखों में हास्य का पुट हमेशा मौजूद होता है। आईजॉल से प्रकाशित **जौरम थुपुअन** नामक साप्ताहिक पत्र में उनका पहला लेख मार्च 1957 में छपा था। मुंबई से प्रकाशित एक अंग्रेजी टैब्लोएड **द डेली** में 1994 में उनके दो लेख प्रकाशित हुए। आजकल वे मिजो दैनिक पत्रों

तथा मासिक पत्रिकाओं में लेख लिखते हैं। कभी कभार वे महाराष्ट्र आईएएस अधिकारियों के एसोसिएशन के मासिक समाचार पत्र **हार्मोनी** के लिए भी हास्य निबंध लिखते हैं। उनके कई लेख अंग्रेजी तथा मिजो भाषा में आल इडिया रेडियो से भी प्रसारित हुए हैं।

उन्होंने मिजो भाषा में दस पुस्तकें लिखी हैं। उनमें से छः उपन्यास हैं। आजकल वे एक नया उपन्यास लिख रहे हैं जिसे शीघ्र प्रकाशित कराने की योजना है। इसके अतिरिक्त उनका इरादा अपनी आत्मकथा का दूसरा भाग तथा एक और उपन्यास प्रकाशित कराने का है।

उनका पांचवां उपन्यास **केइमह्‌ युनिअनलिअना** मिजोरम में छपने वाला उनका प्रथम उपन्यास था पर उस संस्करण में छपाई की कई त्रुटियां और कुछ चूक हो गईं। आरंभ में वे इसे अंग्रेजी में लिखना चाहते थे पर बाद में उन्होंने उसे पहले मिजो में लिखकर उसे अंग्रेजी में अनुदित करने का निश्चय किया। वे अब इसका अनुवाद करने की बजाए उसे पूरा अथवा उसके कुछ भागों को दुबारा लिखने की योजना बना रहे हैं। पाठक उनके लेखन की खूब सराहना करते हैं।

प्रकाशित कृतियां

अनालुअ (कष्टदायक है यह)–2002, **कन रम लमाइ-II** (आलेखों का संग्रह)–1999, **नुकोकी फ़ान** (नुकोकी की बेटी)–1998, **का लौ तोन व़े** (आत्मकथा)–1997, **केमाह युनियन लाइना** (मैं एक युनियन लियाना)–1997, **नुकोकी** (नुकोकी की जीवन-कथा)–1996, **लुङ्राङ् ह्‌माङ्इह्‌ना** (लुङ्राङ् का प्यार)–1995, **लुङ्राङ् लालओर्‌हा** (लुङ्राङ् गांव का लालओर्‌हा)–1993, **थु खोचाङ्-I** (आलेखों का संग्रह)–1989, **थु खोचाङ्-III** (आलेखों का संग्रह)।

संपर्क

ललह्मिङलिअना साइओइ
चितलंग
पो. : आइजॉल
पिन कोड : 796012
मिजोरम

रेव. लिअनखाइआ

परिचय

रेव. लिअनखाइआ का जन्म 1884 में हुआ था। वे एक सुविख्यात मिज़ो पास्टर, धर्मशास्त्री, इमेजनिस्ट, उपदेशक, इतिहासकार, लोककथाकार, कवि, देशी नक्षत्रविज्ञानी, और संगीतज्ञ होने के साथ लेखक थे। उनके पिता थङ्हलुता पारंपरिक मिज़ो शूरवीर थे जिन्होंने वानपुइलाला गांव के सरदार के रूप में अपने शत्रु का सिर काट लिया था तथा आसपास के मैदानी क्षेत्र में जहां गैर-मिज़ो रहते थे लूटपाट की थी। वे अपने जीवन में ही मिज़ो लोगों में काफी लोकप्रिय व्यक्तियों में से माने जाते थे। उनका देहांत 27 जून, 1979 को हुआ।

शिक्षा

रेव. लिअनखाइआ एक दूरस्थ गांव में रहते हुए जहां कोई शिक्षक नहीं था स्वयं ही लिखना-पढ़ना सीखा। बांस के डंठल के आंतरिक सफेद पत्र को कागज की तरह इस्तेमाल कर वे चारकोल से लिखने का अभ्यास किया करते थे। इन कठिनाइयों के बावजूद उन्होंने 1908 ई. में आइजॉल शहर में लोवर प्राइमरी परीक्षा में शीर्ष स्थान प्राप्त किया। आगे की शिक्षा उन्होंने चेरापूंजी के थियोलोजिकल स्कूल में प्राप्त की। अब यह मेघालय के सोहरा में पड़ता है। वहां से उन्हें तीन मानद प्रमाणपत्र इंटरमीडिएट स्तर तक के लिए टोनिक सोलफ़ा में प्राप्त किया।

अवदान

रेव. लिअनखाइअ **शिक्षित मिज़ो लोगों की प्रथम पीढ़ी के सर्वाधिक स्थापित लेखक थे।** वे मिज़ो भाषा के महान लेखक थे। वे 1926 ई. में ही वे **प्रथम मिज़ो इतिहासकार** बन गए थे। उन्होंने कुछ पुस्तकें इतिहास, संस्कृति (जिसमें पारंपरिक धार्मिक रीतियां शामिल थीं), धर्मशास्त्र तथा भाषा पर लिखीं। उन्होंने बीस से भी अधिक गीत तथा कविताएं भी लिखीं। इतनी ही संख्या में कुछ भक्ति गीतों का अंग्रेज़ी से मिज़ो भाषा में अनुवाद भी किया। सन् 1911 से अपनी मृत्यु तक कई मासिक पत्र-पत्रिकाओं में लिखने वाले वे अग्रणी मिजो लेखकों में से थे।

उनके प्रयत्नों, कृतियों और योगदान के लिए मिजो अकैडमी ऑफ लेटर्ज (जो सर्वप्रमुख मिजो साहित्यिक संगठन है) ने 1979 में उन्हें **सर्वाधिक प्रतिष्ठापूर्ण राज्य साहित्यिक पुरस्कार अकादमी अवार्ड** देकर सम्मानित किया। तब से अन्य सुयोग्य लेखकों को यह संगठन पुरस्कृत करता रहा है।

प्रकाशित कृतियां

ऑन हिस्ट्री

कौहूरान सिअमहत्‌ना बुल (चर्चों का सुधार)—1967, **थुथ्लुङ् हूलुइ लेहू थुथ्लुङ थर इनूकार** (ओल्ड तथा न्यू टेस्टामेंट के बारे में)—1954, **कौहूरान हूराङ् चनचिन** (विभिन्न चर्चों का इतिहास)—1950, **मिज़ौ चनचिन पार्ट-I तथा II (मिजो इतिहास)**—1938 एवं 1947।

संस्कृति से संबद्ध

मिज़ौ मि लेहू थिल हूिमंगथङ्ते लेह मिज़ौ साखुंअ (कुछ लोकप्रिय मिजो धर्म)—1977, **मिज़ौ हारूहना** (मिजोरम में पुनरुत्थान)—1972, **मिज़ौ ओमदान हूलुइ** (मिजो लोगों को पुरानी परंपराएं)—1970, **ज़ौरम लुहू हूमा पोइ रमा ला ओमलाइ लेहू ज़ौरम लुहू तिरूहू मिज़ौ हूला हूलुइ लोरखोम** (पारंपरिक गीतों का संग्रह)—1926।

धर्मविज्ञान से संबद्ध

बाइबल पाथिअन थु (बाइबिल-ईश्वरीय वाणी)—1976, **पाथिअन चातुअन रेमरूअत** (ईश्वर का शाश्वत प्लान)—1974, **पाथिअन थु त्लुअनत्लिङ** (गॉस्पेल की पूर्णता)—1972, **हेबराइ मिते लेहूखाथोन हूिरल्हूफ़िअहूना (हिब्रू पुस्तक की टीका)**—1962, **कौहूरान लेहू रोङबोल हूना** (चर्च और उसकी धर्म सेवा)—1957, **रोम हूिरल्हूफ़िहूना** (रोम की पुस्तक की टीका)—1956, **छन्दाम्ना थु** (मोक्ष के विषय में)—1952, **पेटेरा लेहूखाथोन हूिरल्हूफ़िअहूना** (पीटर के पत्रों की टीका)—1949, **गलतिया मिते लेहूखाथोन हूिरल्हूफिअहूना** (गलतिया की पुस्तक की टीका)—1949, **एफ़ेसी मिते लेहूखाथोन** (एफेसी की पुस्तक की टीका)—1949, **थुसोम पेक हूिरल्हूफिअहूना** (टेन कमांडमेन्ट्स)—1949, **थुपुअन हूिरल्हूफ़िअहूना** (प्रकाशना की टीका)—1941, **तिमोथेअ हूिरल्हूफ़िअहूना** (टिमोथी के नाम लिखे पत्रों की टीका)।

गणित-ज्योतिष से संबद्ध

अर्सी चनचिन (तारों के संबंध में मिजो परिकल्पना)—1975।

अंग्रेजी से मिजो अनुवाद

इन्दौना थिअङ्ह्लिम (पवित्र युद्ध)–1971, **बाइबल डिक्शनरी**–1971, **खिस्टियान थुरिन** (र्माकरा वार्ड)–1970, **खिस्टियान थुरिन-।।** (र्माकस वार्ड)**साखो खाइखिन्ना** (धर्मों की तुलना)–1941।

संपर्क

रेव. लिअनखाइआ
द्वारा–डॉ. एल.टी. लियाना खिआङ्ते
बी-43, फकरुन मिशन वेंग,
आइजॉल : 796001, मिजोरम
फोन : 0389-2326365/2325220

ललएङ्मोइअ राल्ते

परिचय

लालएङ्मोइअ राल्ते का जन्म 14 अक्तूबर, 1947 को हुआ। उनके पिता का नाम लल्लियाना था। उनका विवाह ललरौकिमी के साथ हुआ। उनके तीन बच्चे हैं। वे वेङलुई में एक प्राथमिक स्कूल में शिक्षक हैं। उन्होंने रजिस्ट्रार, जन्म एवं मृत्यु के पद पर भी काम किया है।

राल्ते एक सामाजिक कार्यकर्ता हैं और समाज सुधार के काम से ही जुड़े हैं। इस विषय पर उन्होंने काफी लेखन किया है। वे सचिव, ग्राम व्यस्क शिक्षा, सदस्य, मिजोरम पब्लिकेशन बोर्ड तथा सब्जेक्ट एक्सपर्ट कमिटी एमबीएसई तथा सचिव, यंग मिजो एसोसिएशन भी रहे हैं।

अवदान

ललएङ्मोइअ राल्ते ने कई विषयों यथा सामाजिक परम्पराएं, संस्कृति, प्रकृति, धर्म, ड्रग्स, सामाजिक एवं मानवीय मूल्यों पर विविध विधाओं में पुस्तकें रची हैं। उनकी सामाजिक प्रति बद्धत्ता उनके लेखन में भी झलकती है।

प्रकाशित कृतियां

इननेइह् (विवाह)—2002 **राबी इनथुप** (छुपा हुआ कदम)—2000 **तुइहूना थिआङहलिम** (स्वच्छ झरना)—2000 **अ त्लौ लौ (टिकाऊ नहीं)**—1999, **हेप्पी होम, छूम जीन्ना रम** (बादलों से ढंकी जमीन)—1999 **आइगुप्ता सवेल** (मिस्री धन)—1992, **क्रिस्मस ड्रामा**—1990, **खोङाइहूना वतु** (ईश्वरीय दया का ऋणी)—1990, **अ व़ पोइ एम** (बड़े अफसोस की बात है)—1989, **क नु मिन हूरील रोह्** (मां, मुझे सुनाओ)—1989, **क थिआङ्हूलिम तोह् लौ** (मैं अब कुंवारी नहीं रही)—1989, **इटरनल ब्लिस** (आध्यात्मिक शान्ति)—1988, **नेभर लीभ मी अलोन** (मुझे अकेला मत छोड़ो)-1987, **मिन थुङरूल सुह्** (बदले में कुछ नहीं चाहिए)—1987, **तु फ़ा ङे?** (हनीमून)—1986, **खोदुर करा छिमवाल** (गुप्त वरदान)-1984, **ड्रग्स हूलाउ रोह्** (दवाओं से सावधान)—1983, **कन हूलिमना तुर** (हमारी खुशी के लिए)—1983, **एङ वाङ् ङे?** (क्यों?)—1983, **अ सोत**

तोहू लौ (अति विलंब)-1981, **बेइदोन मइ लोव़ा ओ!** (निराश नहीं)–1980, **इ तान अ ताक** (तुम्हारे लिए पर्याप्त)–1986।

सूचना संपर्क

ललएङ्मोइअ राल्ते
वेङ्ह्लुइ विलेज़
पो. : आइजॉल : 796001, मिजोरम
दूरभाष : 0389-2326610

ललह्मुअका

परिचय

ललह्मुअका का जन्म 1912 में हुआ। उनका विवाह ललतोनी से हुआ जिनसे उनकी चार संताने हुईं। वे गवर्नमेंट हाई स्कूल, शिलांग (1937) में शिक्षक रहे। इसके अतिरिक्त गवर्नमेंट ब्वॉयूज मिडल स्कूल (1940), गवर्नमेन्ट हाई स्कूल, आइजॉल में भी उन्होंने शिक्षण कार्य किया। 1957 से 1969 तक वे गवर्नमेन्ट हाई स्कूल, लुंगलेई में प्रधानाध्यापक भी रहे और वहां से इसी पद से सेवानिवृत्त हुए।

शिक्षा

इन्होंने नेहू शिलांग से बी.ए. की डिग्री प्राप्त की है।

अवदान

ललह्मुअका ने कई लेख तथा सेमिनार पेपर लिखे हैं। उन्होंने आल इन्डिया रेडियो तथा दूरदर्शन पर आयोजित वार्तालाप में भाग लिया है। मिज़ो इतिहास पर उन्होंने काम किया है और आरंभिक मिजो ईसाइयों पर हुए अत्याचार पर शोध भी किया है। प्रथम विश्व युद्ध के समय की **ह्राङ्‌ छोनी** नामक एक प्रख्यात मिज़ो नर्तकी की जीवनी भी लिखी है जो 2003 ई. में प्रकाशित हुई। कक्षा आठ से दस तक के छात्रों के लिए विशेष रूप से उन्होंने अंकगणित तथा गणित की पाठ्यपुस्तकें भी लिखी हैं।

प्रकाशित कृतियां

लल इशुआ तुह्रेम मिज़ौरम (मिजोरमः ईशु का हस्तकार्य)–2002, **ह्राङ्छोनी** (ह्राङ्छोनी का जीवनचरित्र)–1994, **ज़ौरम हीस्टोरी**–1800-1950 (मिजोरम का इतिहास 1800 से 1950 तक–1992, **ज़ौरम सीकुल जीरना चानचिन** (मिजोरम के स्कूलों की पढ़ाई)–1992, **क्रिस्तीयन ह्ला लातए चानचिन** (ईसा की स्तुति)–1992, **थेइह्ङ्हिलह् नि ह्लम सुह् से** (अविस्मरणीय)–1991, **जौरम : थिम अता एङ्लाइ** (अंधेरे से उजाले की ओरः मिजोरम)–1988, **पुम तिति** (आम गपशप)–1985, **ज़ौरमा क्रिस्तीयन ह्मसाते तिदुह्दाह्ना** (प्राचीन मिजौ ईसाइयों पर अत्याचार)–1985,

ज़ौरम ज़िरना लाम छिनछिअह्ना (मिजोरम का शैक्षिक इतिहास)—1979, **मैट्रिक मथेमटिक्स फोर क्लास** VII-X (**गणित-कक्षा**—7-10)—1957।

संपर्क

ललह्मुअका
ममरे
मैकडोनाल्ड हिल
जरकॉट, पो. : आइजॉल : 796007, मिज़ोरम
दूरभाष : 0386-2342173

कैप्टन एल. जेड. साइलौ

परिचय

एल. जेड. साइलौ का जन्म सियालहोक नामक गांव में 21 नवंबर, 1924 को हुआ। उनके पिता लियानकाङ्लौवा मिज़ो सरदार थे। साइलो कम उम्र में ही 21 नवंबर, 1941 को द्वितीय विश्व युद्ध के दौरान भारतीय सेना में भर्ती हो गए थे। संयुक्त राष्ट्रसंघ की शांति सेना में चुने जाने के बाद वे अफ्रीका में कांगो गए थे जहां फ्रांसीसी आम तौर से प्रचलित है। अफ्रीका में ही रहते हुए उन्हें कैप्टन के पद पर प्रोन्नत कर दिया गया था। इस सेवा में रहते हुए उन्हें विश्व के कई देशों की यात्रा करने का अवसर मिला। उन्हें जेनेवा में रेड क्रास सोसायटी में काम करने का भी मौका मिला। संयुक्त राष्ट्र संघ की शांति सेना में कई वर्षों की सेवा देने के बाद 14 फरवरी, 1972 में सेवानिवृत्त हुए। तत्पश्चात् समाज सेवक के रूप में डा. ग्राहम्स होम, कालिम्पौंग से 1972 से 1974 तक संबद्ध रहे।

1992 से वे गमनुआम होम, चुराचान्दपुर, मणिपुर में होम फादर के रूप में अपनी सेवाएं दे रहे हैं। यह संस्था नशीले पदार्थ के सेवन की लत वाले लोगों की देखभाल का कार्य करती है। सेना में सेवा के अपने अनुभवों की सहायता से उन्होंने इस संस्था की बड़ी सेवा की, विशेष रूप से उपद्रव काल के दौरान।

आजकल वे चूराचांदपुर, मणिपुर में अपनी पत्नी ङुरथनजुअली साइलौ तथा पांच बच्चों के साथ रह रहे हैं।

उनके इस क्षेत्र में दस गांवों के प्रतिनिधियों द्वारा एक समन्वय समिति का गठन किया गया था ताकि विवादों का सौहार्दपूर्ण निपटारा किया जा सके। साइलौ इस समिति के अध्यक्ष रह चुके हैं।

अपने विवाह के 61वीं जयंती के अवसर पर आयोजित समारोह में 12 दिसंबर, 2000 को उनको मुख्य अतिथि के रूप में उनकी उत्कृष्ट समाज सेवा के लिए स्मृति-चिह्न प्रदान किया गया।

शिक्षा

सेना में रहते हुए उन्होंने अपनी शिक्षा ज़ारी रखी और सफलतापूर्वक विज्ञान में इन्टर किया। कालेज में फ्रांसीसी भाषा पढ़ाई के लिए चुना। इंटरमीडिएट विज्ञान

स्नातक डिग्री प्राप्त करने के तुरंत बाद वे वाइसराय कमीशन अधिकारी के पद पर प्रोन्नत हुए।

अवदान

साइलौ ख्याति-लब्ध लेखक हैं और उन्होंने तीस से भी अधिक पुस्तकें लिखी हैं। पर इनमें से दस ही प्रकाशित हुई हैं। उन्होंने तीन सौ पचास से भी अधिक गीत लिखें हैं और मिज़ो लोगों में काफ़ी मशहूर हैं। वे 1981 से 1999 तक मणिपुर, जहां सामुदायिक चेतना बहुत अधिक है, के जो रियूनिफिकेशन ऑर्गनाइजेशन के अध्यक्ष भी रहे। अपने बूते पर 18 वर्षों तक के उक्त पुनर्एकीकरण के अथक प्रयास के लिए उन्हें जोरो मुख्यालय द्वारा 2000 में **गाइडिनलु सम्मान** से अलंकृत किया गया। सांप्रदायिक एकता के लिए उनके उत्साह को पूरे मिज़ोरम तथा पड़ोसी राज्यों में लोग महसूस करते हैं।

पैते तथा कुकी वंश के लोगो में सांप्रदायिक भेदभाव के कारण टकराव के मणिपुर सरकार ने जो सांप्रदायिक एकता योजना शुरू की थी उसमें कैप्टन साइलो को इम्फाल के गांधी स्मारक भवन में भाषण के लिए आमंत्रित किया गया था। उन्हें इस उद्देश्य के लिए बारह कविताएं भी लिखीं। कलाकारों ने इन कविताओं को गाकर लोगों में आपसी सौहार्द जगाने का काम किया।

उनकी उत्कृष्ट सेवाओं के लिए उन्हें **लेल्टे मैगजीन्स लाइफटाइम एचीवमेंट अवार्ड** भी दिया गया है। कई गैर सरकारी संगठनों ने उनके अमूल्य अवदानों का सराहा एवं स्वीकारा है। उन्हें थिङ्कङ्फाइ यॉग मिज़ौ एशोसियेशन, वाइ.एम.ए. ग्रुप, संयुक्त वाई एम. ए. तथा मिज़ो लिटरेचर सोसायटी द्वारा भी ऐसे ही **प्रशस्ति प्रमाणपत्र** दिए गये हैं।

उनकी एक पुस्तक **रूनूलुम नुथाइ** को मिज़ो अकेडमी ऑफ लेटर्ज द्वारा **बुक ऑफ द इयर**—2000 का सम्मान दिया गया था।

प्रकाशित कृतियां

ओइ कारेई लखनव-।। (वाह! लखनऊ-प्प)-2003, **ह्रमान लाइ अन चाङ् जौ ता** (बीते हुए दिन)—2002, **रुनलुम नुथाइ** (आदर्श गृहिणी)-2002, (वर्ष 2002 की बुक आफ द इयर), **सुइह्लुङलेन ह्लाह्रिल** (भावप्रवण कविताएं)-2001, **थिलमक छुइसेन लौह** (मेरा गंभीर उददेश्य)-1999, **ओम खोह्रार सुइह्लुङलेन** (प्रेम रोग)-1998, **ओई कारेई लखनऊ!-I** (वाह! लखनऊ-I)-1997, **मिजो ह्नाम दान थू लेह् ह्ला**

(मिजो प्रथाएं और त्योहार)–1991, **थङह्विअंगी लेहू रूअलखूमा** (थङह्नियांगी और रूआलखुमा)–1991, **हमांङइहूना त्लुआनत्लिङ्** (सच्चा प्रेम)–1938, **ड्ंहल्हलौ पार** (भुलाए न भूलने वाली प्रेमिका)।

अप्रकाशित कृतियां

जौवाते मिजिया (मिज़ो स्वभाव), **कौहूरान थ्लाङहेम चनचिन** (स्वदेशी धर्म), **पी पु सुलहूनु** (पूर्वजों के पदचिन्ह), **जौरो** (जो पुनः संगठन), **एइसेना नेन** (आशा सहित), **साखो हूराङ हूराङ चनचिन** (धर्मों का इतिहास), **जर्मन राल रुन** (जर्मनी के साथ युद्ध)-1917, **तू ते ङे कन निहू** (हम कौन हैं?), **रिनओमूना** (ईमानदारी), **खोव़ेल इन्डौपुई पाहिना** (दूसरा विश्वयुद्ध), **जुदा हूनाम चनचिन** (यहूदियों का इतिहास), **खौवेल सखौ चनचिन (विश्व के धर्मों का इतिहास)**, **विलो पार निहू** (विलो : एक फूल), **क फ़न वेई रम** (विभिन्न देशों का भ्रमण), **हूराङ् हूलुइते सुलहूनु** (बहादुरों के पदचिहून), **मिजोरम फन्ना** (मिजोरम भ्रमण), **रिंङ्ला रिङ सुहला** (यकीन करें या न करें), **मिजोरम बुअइ चनचिन** (मिजोरम में गोलमाल), **रोसपार वुल वे ता लौ चु** (कच्ची कली) (प्रकाशनाधीन), **रेलथङ् का दोन जौलौ** (परवाह नहीं लोग कुछ भी कहें) (प्रकाशनाधीन)।

संपर्क

कैप्टन एल. जेड. साइलौ
द्वारा–लेङ्छावन प्रेस,
खथला, आइजॉल : 796001 (मिजोरम)

लालरममोया ङन्ते

परिचय

लालरममोया ङन्ते का जन्म 21 जून, 1968 को हुआ। उनके पिता का नाम थनमोइअ था। संप्रति वे एक कॉलेज़ के भाषा विभाग व्याख्याता के रूप में कार्यरत हैं।

शिक्षा

ङन्ते हरंङाना कॉलेज आइजॉल से स्नातक एवं नेहू शिलांग से लोक प्रसाशन में स्नातकोत्तर हैं।

अवदान

ङन्ते ने विविध विषयों पर लगभग दो सौ लेख लिखे हैं। उनकी रचनाएं विभिन्न पत्र-पत्रिकाओं में प्रकाशित हो चुकी हैं। मुख्यतया मिज़ो साहित्य के उन्नयन तथा समृद्धि में ङन्ते की रुचि रही है। उनके कई लेख सामाजिक सुधार से संबद्ध हैं। मिजो अकेडमी ऑव लेटर्ज, मिजो लिटरेचर फोरम, ज़ो-पोएट-एस्सेइस्ट-नोवेलिस्ट तथा मिजो लैंग्विज एंड लिट्रेचर टीचर एसोसिएशन सहित कई अन्य ग्रुप के वे सदस्य हैं। संप्रति वे आइजॉल से प्रकाशित साहित्यिक मासिकी **साबेरेका खुअङकइह्** के सचिव हैं। समय-समय पर वे शोध परक लेख लिखते रहे हैं तथा सेमिनार आयोजित करते रहे हैं।

प्रकाशित कृतियां

इन्हनिअलना रेपुई (महा विवाद)—2004, **दम लाइ थ्लान थिम** (दयनीय जीवन)—2003, **ओिङनुन एिंमथ्ला** (निबंध रचना)—2003, **क्रिस्तीअन पसलठाते नुपा नुन ङइहूनम** (ईसाई दम्पत्ति)—2000, **थिम लल कोहूरान** (दैत्यिक गिरजाघर)—2000, **बिअकजिन्न-II** (तीर्थ यात्रा-2)—1998, **बिअकजिन्न-I** (तीर्थयात्रा-1)—1997, **खोवेल हूङोर हङिङतु टेलिविजन** (दूरदर्शन : विश्वस्तरीय मीडिया)—1994, **मि रेपुइते हूरिङनुन** (मिजो महापुरूषों के जीवनी)—1987।

संपर्क

लालरममोया ङन्ते
लुङमुअल वेङथ्लाङ्
पो.: आइजॉल-796012
मिज़ोरम, दूरभाष : 0389-2345730

नुछुंगी रेनूथ्लेइ

परिचय

नुछुंगी रेनूथ्लेई का जन्म 1914 में हुआ। उनके पिता का नाम ह्मिङ्लिअना था तथा उनके पति का नाम आर. रूअलखूमा। उनके एक पुत्र तथा पांच पुत्रियां हैं। वे सेवानिवृत्त शिक्षिका हैं।

शिक्षा

रेनूथ्लेई ने मिडिल शिक्षा अंग्रेजी में बेपटिस्ट मिशनरी सोसायटी लेंग्लुई (मिजोरम) से प्राप्त की।

अवदान

नुछुंगी रेनूथ्लेइ कवयित्री हैं। उन्होंने 72 गीत रचे हैं और टोनिक सोल्फा में उनकी एक पुस्तक प्रकाशित हुई है। उन्होंने कई लोरियां, शिशु गीत, तथा त्मेचवदेपअम गीत रचे हैं। उनकी बयासी कविताएं अभी प्रकाशनाधीन हैं। अपने युवाकाल में वे स्वयं एक लोकप्रिय गायिका रही हैं। बाद में वे एक स्कूल में संगीत शिक्षिका का काम किया जहां वे संगीत के सैद्धांतिक तथा व्यावहारिक दोनों पक्ष सिखाती थीं।

रेनूथ्लेइ ने बाल्यावस्था में ही कहानियां लिखनी आरंभ कर दी थीं। स्कूल में पढ़ाते हुए उन्होंने बच्चों के लिए पुस्तकें तथा बड़ों की कहानियां लिखने के लिए काफी समय निकाला।

उन्होंने मिजो संस्कृति के संरक्षण के लिए अपनी कविताओं में आवाज उठाई। उन्होंने बच्चों को मिजो नृत्य का प्रशिक्षण भी दिया। सेवानिवृत्ति के पश्चात भी मिजो नवयुवकों के आह्वान की ओर अपना ध्यान केन्द्रित किया। उन्होंने एक एसोसिएशन बनाया तथा छात्रों को पारंपरिक नृत्य सिखाने के लिए एक सांस्कृतिक सोसायटी की स्थापना की।

रेनूथ्लेइ ने **गर्ल्स औक्जिलियरी** की भी 1939 में नींव डाली और जब विश्व के कई भागों में नारी मुक्ति के विचार से लोग अनभिज्ञ थे उन्होंने इस दिशा में काफी काम किया।

1986 में उन्हें साहित्य में उनके योगदान के लिए **पद्म श्री** से अलंकृत किया। इसके अतिरिक्त उन्हें कई संस्थाओं से कई मानद एवं प्रशस्ति पत्र दिए गए।

प्रकाशित कृतियां

काव्य

मिजों बच्चों की कविताएं–1984, **झुला गीत**–1982।

पाठ्य पुस्तकें

साव़ोम पाथुम (तीन भालू)–1972, **खोव़ेल नाउपाङ्ते** (दुनिया के बच्चे)–1967, **मिजो बच्चे और खेलकूद**–1965, **छोटा रेड इण्डीयन बालक**–1965, **प्रारम्भिक**–1965, **सेरकोन ग्रेडेड रीडर-1**–1938, **सेरकोन ग्रेडेड रीडर-2**–1938, **सेरकोन ग्रेडेड रीडर-3**–1938।

सूचना संपर्क

नुछुंगी रेनूथ्लेइ, सेराकावन,
पो.: जोतलाङ : 796691,
जिला : लुङलिई, (मिजोरम),
दूरभाष : 0372-2342134

आर. थंगवुङा

परिचय

आर. थंगवुङा मिजो साहित्यकार हैं। उनका जन्म त्रिपुरा राज्य के जामपुई हिल क्षेत्र में वंघमुन नामक स्थान में 1 जनवरी, 1952 को हुआ। उनके पिता का नाम आर. थंगलुआईया है।

शिक्षा

थंगवुङा ने गौहाटी विश्वविद्यालय से बी.ए. ऑनर्स तथा एम.ए. की शिक्षा पूरी की। नार्थ-ईस्ट हिल्स यूनिवर्सिटी से उन्होंने पीएच.डी. की।

अवदान

उन्होंने शेक्सपियर के नाटक **ट्वेल्थ नाइट** का मिजो में अनुवाद किया। इसके अतिरिक्त सेमिनार के लिए कुछ पर्चे भी तैयार किए। आजकल गवर्नमेंट आइजॉल कॉलेज, आइजॉल में कार्यरत हैं।

प्रकाशित कृतियां

ट्वेल्थ नाइट (शेक्सपियर के नाटक का मिजो भाषा अनुवाद)।

सम्पर्क

कनन, आइजॉल,
दूरभाष : 03832-2340359

आर. एल. थनमोइअ

परिचय

आर.एल. थनमोइअ का जन्म 20 जून, 1954 को हुआ। उनके पिता का नाम वनलल्लियाना था। संप्रति वे मिज़ोरम विश्वविद्यालय के मिज़ो विभाग में रीडर हैं। वे कई विकास के कार्यक्रमो तथा स्वैच्छिक संस्थाओं से जुड़ें हैं। वे वर्तमान में आइजाल नार्थ प्रेसबीटरी, मिजोरम सीनोड (चर्च) के सचिव हैं।

शिक्षा

इन्होंने मैट्रिक की शिक्षा 1975 में कारथाह हाईस्कूल, मिजोरम से, पी.यू. एवं बी. ए. 1979 में आइजॉल कालेज, आइजॉल से, एम.ए. 1981 में नेहू, शिलांग तथा पीएच-डी. नेहू शिलांग से की।

अवदान

थनमोइअ मिज़ो भाषा में कविताएं तथा नाटक लिखते हैं। उनकी बारह पुस्तकें प्रकाशित हो चुकी हैं। इनमें से तीन काव्य संग्रह तथा एक शब्दकोश है। उनके तीन नाटक तथा अनेक लेख भी प्रकाशित हो चुके हैं। इसके अतिरिक्त उनकी बीस कविताएं प्रकाशित हुई हैं। उनके चार नाटक अभी अप्रकाशित हैं।

थनमोइअ ने मिज़ो अकैडमी ऑफ लेटर्ज के कार्यालय की साहित्यिक पत्रिका **थुह लेह हूला** का बारह वर्षों तक संपादन भी किया है। इसके अलावा कुछ अन्य पत्र-पत्रिकाओं यथा **कुम जा लमत्लुअंग** (मिजो अकैडमी ऑफ लेटर्ज द्वारा प्रकाशित) तथा **काइलोन जो कालसियाम एंड खिस्टियान ठ़लाइ काइलोन** (मिज़ो राइटर्ज एसोसिएशन द्वारा प्रकाशित) के संपादक मंडल में भी वे रह चुके हैं।

थनमोइअ मिज़ो अकैडमी ऑफ लेटर्ज के सचिव हैं। वे सलाहकार मंडल, ट्राइबल आर्ट्स कल्चर एंड लैंग्विज तथा मिज़ोरम पब्लिकेशन बोर्ड, गवर्निंग बोर्ड, नॉर्थ ईस्ट जोन कल्चरल सेन्टर, सीबीएसई तथा एससीईआरटी की मिज़ो भाषा विशेषज्ञ समितियों, मिज़ोरम विश्वविद्यालय का बोर्ड ऑफ स्टडीज तथा मिजो राइटर्ज़ एसोसिएशन में भी अपनी सेवाएं दे रहे हैं।

प्रकाशित कृतियां

जूनियर जिरलाई (जूनियर लेसन्स)-1, 2—2002-04, **मिजो पोएट्री** (मिजो कविता)—1998, **सेनमेई** (आग) (मिजो कविताएं)—1997, **जिंकाङ रायथ्लाक जॉहट्टे** (लक्ष्यहीन मिजो कवि)—1994, **मिजो कवि और उनकी कविताएं**—1992, **डिक्शनरी ऑफ मिजो पोएटिक वर्क्स** (मिजो काव्यात्मक शब्दकोष)—1988, **अमुर्झित**—1987, **का ताई पाक चे खा** (बो हार जो मैंने दिया था)—1987, **नाम्पाङ थिआन** (बच्चों का साथी)—1987।

पुस्तिकाएं

रिनॉमना (ईमानदारी)—2002, **च. पसेना चंचिन** (चो पासेना का जीवनचरित्र)—2002, **हन हमन दन** (समय का सदुपयोग)—1989।

पत्रिकाओं और पुस्तकों का संपादन

संपादक, **थूलेह हूला**, (एक साहित्यिक पत्र)—1988-2000, मिजो अकादमी ऑफ लेटर्स द्वारा प्रकाशित 12 वर्ष, **संपादकीय प्रभाग के सदस्य, कुम जा लमत्लाङ**—मिजो अकादमी ऑफ लेटर्स द्वारा प्रकाशित, **जो कलसिएम**—मिजो अकादमी ऑफ लेटर्स द्वारा प्रकाशित, **कैलॉन**—मिजो राइटर्स एसोशिएशन द्वारा प्रकाशित, **क्रिश्चियन थालाई**, केन्द्रीय केटीपी. द्वारा प्रकाशित।

निबन्ध/आलेख/पत्र

मिजो	:	सौ से अधिक
अंग्रेजी	:	दस (दस)
प्रकाशित कविताएं	:	बीस
अप्रकाशित कविताएं	:	दस
नाटक अप्रकाशित	:	चार

संपर्क

आर. एल. थनमोइअ
दिन दिन हेवन, रमहलुन साउथ
पो. आइजॉल-796012, (मिजोरम)
दूरभाष-0389-2340128

नागालैंड

टेनीडे भाषा

नैचुरियाजो चुचा

परिचय

नैचुरियाजो चुचा का जन्म नागालैण्ड के कोहिमा जिले के खोनोमा गांव में सन् 1948 में हुआ था। उनके माता-पिता अंगामी नागा जनजाति के थे और अनपढ़ व बहुत गरीब खेतिहर किसान थे। मैट्रिकुलेशन के बाद में उन्होंने राजकीय मिडिल स्कूल खोनोमा में अध्यापक का पद ग्रहण किया और बाद में पदोन्नति और स्थानान्तरण पर राजकीय हाई स्कूल कोहिमा में भाषा अध्यापक के रूप में कार्यरत रहे। 1993 में वे कोहिमा साइन्स कॉलेज, जोत्सोमा में व्याख्याता पद पर नियुक्त किये गये।

शिक्षा

यद्यपि चुचा ने प्रारंभिक शिक्षा 1954 में आरंभ की परंतु नागालैंड में राजनैतिक गड़बड़ियों के कारण वे अपनी मिडिल स्कूल शिक्षा 1963 में ही पूरी कर सके। उन्होंने उरा विश्वविद्यालय से अपनी स्नातकीय शिक्षा 1984 में तथा स्नातकोत्तरीय शिक्षा 1988 में पूरी की।

अवदान

चुचा ने अपने कुछ साथियों के सहयोग से नागा लोगों के उद्भव स्थान एवं उनकी भाषा व संस्कृति और बर्मा व चीन की भाषाओं और संस्कृतियों में समानताओं के बारे में काफी व्यापक शोध किया है। नागाजनों की संस्कृति व भाषा के बारे में वे लम्बे समय से लेख व पर्चे लिखते रहे हैं। उनमें से कई पत्र-पत्रिकाओं में प्रकाशित हो चुके हैं।

एक उत्कृष्ट अध्यापक के रूप में नागा समुदाय को अपनी बहुमूल्य सेवाओं के लिये उन्हें 1996 में **नेशनल अवार्ड फॉर टीचर्स** तथा 1999 में **स्टेट ऑफ नागालैंड अवार्ड फॉर टीचर्स** दिया गया ।

संपर्क

नैचुरियाजो चुचा
हाउस नं.-17, कोहिमा साइंस कॉलेज परिसर,
पी.ओ. : साइंस कॉलेज,
कोहिमा, नागालैण्ड : 797002
दूरभाष : 0370-2223849

डॉ. आर. वाशुम

परिचय

डॉ. आर वाशुम का जन्म 3 जनवरी, 1969 को हुआ। वे समाज के देशज एवं उपान्तीय वर्ग के हितों की रक्षा के कार्य से जुड़े हैं।

शिक्षा

डॉ. वाशुम इम्फाल व मणिपुर विश्वविद्यालय से स्नातक हैं। उन्होंने मास्टर्स की डिग्री 1994 में समाज-मानवशास्त्र (सोशल एन्थ्रापॉलजी) दिल्ली यूनिवर्सिटी से प्राप्त की। दिल्ली यूनीवर्सिटी से इसी विषय में उन्होंने 1999 में पीएच.डी. की। इस शोध प्रबन्ध का विषय था **सैल्फ रूल एवं पीपल्स एसर्शन**। उन्होंने अपनी पीएच.डी. के बाद जो शोध किया उसका विषय था—**इन्डोनागा संघर्ष के सुलझने की संभावनाएं** (पॉसिबल रेजोलूशन्स ऑफ द इन्डोनागा कॉनफ्लिक्ट)। यह शोध उन्होंने **इन्डियन सोशल इन्स्टीट्यूट, नई दिल्ली** के तत्वावधान में किया। वर्तमान में वे विकासशील देशों के शोध केन्द्र नई दिल्ली में सेवाएं दे रहे हैं।

अवदान

डॉ. वाशुम का कहना है कि—**मेरे शोध, अकादमिक प्रशिक्षण और विशेषज्ञता व अन्य पाठ्येत्तर गतिविधियों से जुड़ाव का क्षेत्र व्यापक है जिसमें विषय-वैविध्य है। मोटे तौर पर वे मानव समाज, विशेषतया समाज के कमजोर तथा हाशिए पर आए वर्गों के कल्याण, गरिमा और अधिकार के मुद्दों पर केन्द्रित हैं। इनमें से कुछ विषय विभिन्न राज्य, शासन, विकास, पहचान, नागरिकता, जन आक्रोश (सामाजिक आन्दोलन भी), मानव गरिमा हनन एवं संघर्ष समाधान के विभिन्न पहलुओं से सम्बद्ध हैं।**

वे अपने निष्कर्षों, अनुभवों व चिन्ताओं का लेखों, पुस्तकों, पत्र-पत्रिकाओं के माध्यम से प्रचार व प्रसार कराने में निरत हैं। कुछ अन्य विद्वानों, लेखकों व सामाजिक कार्यकर्त्ताओं का सहयोग लेकर उन्होंने सन् 2001 से **नागा जरनल ऑफ इन्डिजिनस अफेयर्स** नामक छमाही पत्रिका निकालना आरंभ किया जिसका उद्देश्य देशज लोगों या जनजाति के लोगों की पहचान स्थापित करने में मदद करना व उनसे जुड़े मुद्दों के साथ-साथ लैंगीय मुद्दों को उठाना है।

प्रकाशित कृतियां

नागा : राईट टू सेल्फ डिटरमिनेशन : एन एन्थ्रोपोलॉजीकल हिस्टोरिकल परसपेक्टिव–2000, **इन्डो-नागा कान्फलिक्ट : प्रोब्लम एंड रिजोलूशन** (नई दिल्ली इंडियन सोसल इंस्टीट्यूट)–2000, **सह-संपादन; स्टेट, डेवलपमेंट एंड आइडेंटिटी इन साउथ एशिया : ए सर्च फोर ऑल्टरनेटिव पैराडाइम्स** संपां–आर. वसुम एवं प्रकाश लुईस (नई दिल्ली : इंडियन सोसल इंस्टीट्यूट), **सह-संपादन, एक्स्ट्राऑर्डिनरी लॉ इन इंडिया : ए रीडर फोर अंडरस्टेंडिंग लेजिस्लेशंस एनडैंजरिंग सिविल लिबर्टीज** (नई दिल्ली : इंडियन सोसल इंस्टीट्यूट)–2002, **सह-संपादन, नागा एट वर्क**–1996।

संपर्क

आर. वाशुम,
डेवलपिंग कंट्रीज रिसर्च सेंटर,
यूनिवर्सिटी ऑफ दिल्ली,
मौरिस नगर, रंगस कोटेज के सामने,
नई दिल्ली : 110007

रेवरेन्ड वी.के. नूह

व्यक्तिगत

रेवरेन्ड वी.के. नूह का जन्म 1935 में हुआ। वे उत्तर-पूर्वी भारत के नागालैंड राज्य में स्थित नागा बैप्टिस्ट चर्च काउंसिल के जेनरल सेक्रेटरी हैं। उन्होंने बीस साल की उम्र में अपना विशिष्ट मिशन शुरू किया और अपने को अहम् नागा नेता के रूप में स्थापित किया। शुरूआत में वे चखेसंग बैप्टिस्ट चर्च काउंसिल में इवैन्जेलिस्ट रहे। बाद में नागा सेना में वे चैप्लेन बने। चैप्लेन के रूप में इम्फाल सेंट्रल जेल में वे राजनीतिक कैदी के रूप में रखे गए। पर इससे उनके उत्साह में कमी नहीं आई। बल्कि नागा लोगों की सेवा की उनकी इच्छा और भी बलवती हो गयी और वे इस उद्देश्य की सफलता के लिए नई-नई जगह गए। आख़िरकार, वी.के. नूह बाइबिल स्कूल में प्रधानाध्यापक के रूप में काम करने लगे और बाद में चिजामी बैप्टिस्ट चर्च में पास्टर बने। उनके समाज ने भी उनके योगदान को स्वीकार किया। बाद में वे बैप्टिस्ट मिनिस्टर बनाए गये। इस भूमिका में ही उनके ईसाई मिशन को विकास तथा परिपक्वता का स्थायी आधार मिला। इसके बाद वे चखेसंग बैप्टिस्ट चर्च काउंसिल के 1971 से 1992 तक फील्ड अफ़सर रहे। अपने कार्यकाल में ग्रामीण विकास योजनाओं और मिशनरी कार्यक्रमों का उन्होंने सूत्रपात किया और नागा समाज में स्कूल, सेमिनरी, और चर्च आदि स्थापित कर कई महत्त्वपूर्ण परिवर्तन लाए।

सामाजिक-राजनीतिक उतार-चढ़ाव से गुजरे नागा समाज के वे धीरे-धीरे बेहद अहम् प्रवक्ता के रूप में उभरे। आज उनकी छवि नागालैंड के शान्ति तथा न्याय के जुझारू नेता की है।

उन्होंने कई पदों पर काम किया है। वे 1964 से 1970 तक नागालैंड बैप्टिस्ट चर्च काउंसिल के **नागालैंड शान्ति मिशन** के परामर्शदाता मंडल के सदस्य रहे। इसके अलावा 1988 से 1995 तक वे इस काउंसिल के अध्यक्ष तथा 1995 से 2000 तक इस काउंसिल के शांति कमीशन के अध्यक्ष रहे। उन्होंने अटलांटा के 1997 के संघर्ष प्रस्ताव में भाग लिया। वे इवैन्जेलिस्ट फेलोशिप ऑफ इन्डिया के शांति तथा न्याय समिति के संयोजक (1985), सह-अध्यक्ष, इंटेन्सिव ट्रेनिंग, कान्फिलिक्ट रिजॉल्यूशन ऑफ एशिया, बैंकाक (1995), तथा पड़ोसी राज्यों के गुडविल मिशन के सदस्य (2000) भी रहे।

डा. नूह की उपलब्धियां उतनी ही विविध तथा शानदार रही हैं जितना कि उनका व्यक्तित्व रहा है। धार्मिक जानकारी को ताज़ा करने के अपने प्रयास तथा दशकों के अनुभव ने उन्हें समाज का विशिष्ट योगदानकर्ता बना दिया है। वे एक साधारण परिवार से आए हैं और अपने लोगों की तरह उन्होंने जीवन में कठिनाइयां झेली हैं। उनके व्यक्तित्व, दृष्टि तथा मातृभूमि के प्रति प्रेम ने उन्हें एक महत्वपूर्ण भूमिका निभाने को प्रेरित किया है जिसे वे ईश्वरी आदेश मानते हैं।

शिक्षा

डॉ. वी. के. नूह ने 1942 में पास्टर त्सेजू के निर्देशन में गांव के प्री-प्राइमरी स्कूल में शिक्षा शुरू की। प्राइमरी स्कूल 1944 में उन्होंने कोहिमा मिशन स्कूल में किया और उसी साल द्वितीय विश्वयुद्ध से कोहिमा के प्रभावित हो जाने के कारण स्कूल छोड़ दिया। युद्ध के बाद पुनः फर्स्ट मिडल स्कूल, जो 1945 में प्फुत्सेरो में खुला था, में प्रवेश ले लिया और 1950 तक यह शिक्षा पूरी कर ली। बाद की उनकी स्कूली शिक्षा उखरूल तथा कोहिमा में हुई। उन्होंने पहली धार्मिक शिक्षा बाइबिल इंस्टीट्यूट जोरहाट असम (जो अब ईस्टर्न थियोलोजिकल कालेज कहलाता है) में 1959 में ली। तदोपरांत उन्होंने कलकत्ता बाइबिल कॉलेज (1961-63) से धर्मशास्त्र में डिप्लोमा प्राप्त किया। उन्होंने गोल्डेन गेट बैप्टिस्ट थियोलोजिकल सेमिनरी, सानफ्रांसिस्को, यू.एस.ए. में दो महीने अध्ययन भी किया।

अवदान

उन्होंने बाइस पुस्तकें लिखी हैं। ये पुस्तकें वर्तमान सामाजिक-राजनीतिक नागा संघर्ष के बारे में न केवल प्रामाणिक जानकारी देती हैं बल्कि जुल्म के शिकार देशज लोगों के प्रति किए गए मानवाधिकार उल्लंघन का कच्चा चिट्ठा भी खोलती हैं। रेवरेन्ड नूह ने 100 से भी अधिकं राज्य, राष्ट्रीय तथा अंतर्राष्ट्रीय स्तर के रिसोर्स पेपर्स भी तैयार किए।

रेवरेन्ड नूह ने कई लंबी विदेश तथा देश के अंदर की गई अपनी यात्रा में उन्होंने नागा जनों का प्रतिनिधित्व किया है। ऐसे अवसरों पर खुली चर्चा के लिए उठाए गए मुद्दे संघर्ष प्रस्ताव, आदिवासी लोगों के संघर्ष, मानवाधिकार अध्ययन तथा शांति-स्थापना हेतु उठाए गए कदम आदि पर केन्द्रित थे। इसके अलावा 2003 में सेइविनो मीडियो द्वारा वर्ष 2003 में **रेवरेन्ड वी.के.नूह नागा समाज को उनका योगदान** विषय पर फेडरेटिड थियोलोजिकल प्रोग्रैम ऑफ नॉर्थ ईस्ट इंडिया को एक शोधपत्र भी प्रस्तुत किया गया था।

उनके जीवन भर की कृतियों के सम्मान में चखेसंग बैप्टिस्ट चर्च काउंसिल ने 6 दिसंबर, 1992 को उन्हें कार्यकारी सचिव इमेरिटस (अवैतनिक) बनाया। उन्हें 20 जुलाई, 1993 को गुरूकुल थियोलोजिकल सेमिनरी, मद्रास द्वारा ऑनरेरी डाक्टरेट ऑफ डिविनिटी दी गई।

उन्होंने कई पुरस्कार भी पाए जिनमें उल्लेखनीय हैं—अमेरिकन बायोग्राफिकल इंस्टीट्यूट इंक. द्वारा प्रदत्त 1997 का **विशिष्ट नेतृत्व अवार्ड**, फ्रंट फॉर नेशनल प्रोग्रेस, दिल्ली का 2001 के लिए **ग्रेट एचीवर्स ऑव इंडिया अवार्ड**, इंटरनेशनल फ्रेन्डशिप सोसायटी का 2003 का **बेस्ट सिटीजेन्स ऑव इंडिया सम्मान**, इंटिग्रेटेड काउंसिल ऑफ सोशियो-इकानोमिक प्रोग्रेस, नई दिल्ली के वर्ष 2003 का **नेशनल प्रभा गोल्ड मेडल**।

प्रकाशित कृतियां

व्हेन द बैटल इज ओवर, कोहिमा, सीएनबीसी–2004, **उत्सीपफुमिया म्हासी बोडे**, उरा अकेदमी, कोहिमा-2004, **इन सर्च ऑफ प्रैक्सिस थियोलोजी फॉर द नागाज**, रिजेन्सी पब्लिकेशन्स, नई दिल्ली-2003, **द नागा क्रोनिकल**, रिजेन्सी पब्लिकेशन्स, नई दिल्ली–2002, **स्ट्रगल फॉर आइडेन्टिटी इन नॉर्थ ईस्ट इन्डिया**, स्पेक्ट्रम पब्लिकेशन्स, नई दिल्ली–2001, **माई नैटिव कन्ट्री**, नई दिल्ली–2001, **क्रुसेड ऑन नागा मोरैलिटी**, की डैटा प्रोसेसिंग, कलकत्ता, **पार्टिसिपेशन इन सफरिंग एंड स्ट्रगल**, आईएसपीसीके, दिल्ली–1997, **एपिसोड ऑफ नागा ट्रेजिडी**, प्रिंटवेल, दिमापुर–1995, **रिवाइव अस अगेन**, इवैन्जेलिकल लिटरेचर डिपो, कलकत्ता–1995, **एफर्ट्स टूवर्ड्ज नागा युनिटी**, कोहिमा की डैटा, कलकत्ता-1993, **माई कन्ट्री, माई पीपुल**, विजन प्रेस, कोहिमा–1988, **नागालैंड चर्च एंड पोलिटिक्स**–विजन प्रेस, कोहिमा–1986, **मदर्स लव**, सिटिजेन प्रेस, कोहिमा–1971।

सम्पर्क

वी.के. नूह,
जनरल सेक्रेटरी, काउंसिल ऑफ नागा बेपस्टिट चर्च,
पो. बाक्स : 275, कोहिमा,
जिला : कोहिमा
पिन : 7970011 (नागालैंड)

केख्रिएवोयू योमे

परिचय

केख्रिएवोयू योमे 17 अप्रैल, 1970 को एल. खेल कोहिमा गांव में एक निर्धन किसान परिवार में पैदा हुईं। वे स्व. सुओलाई योमे तथा नेइलियू योमे की ज्येष्ठ पुत्री हैं। जब वे 9वीं कक्षा में थीं तभी उनके पिता का देहांत हो गया था। उसके तुरंत बाद उनकी मां बुरी तरह अस्वस्थ हो गईं और योमे के कंधों पर पूरे परिवार का बोझ आ पड़ा। 10वीं कक्षा की परीक्षा का परिणाम आने से पूर्व ही उनकी सरकारी नौकरी हो गई जिससे प्राप्त आय से उन्होंने अपने परिवार जिसमें उनकी बीमार मां और तीन छोटे भाई तथा तीन बहनें शामिल हैं, का खर्च वहन किया। किंतु कुछ समय बाद उनकी यह नौकरी छूट गई।

शिक्षा

पारिवारिक कारणों से बड़ी कठिनाइयों से जूझते हुए उन्होंने दसवीं तक की शिक्षा प्राप्त की। कोहिमा स्थित इंदिरा गांधी राष्ट्रीय मुक्त विश्वविद्यालय से वे अपनी शिक्षा जारी रखे हुए हैं।

अवदान

योमे कहती हैं–**लेखिका होना मेरे लिए सपनों जैसा है। मुझे अहसास होता है कि यह ईश्वरीय वरदान है।** उनका पहला उपन्यास **एजो केखिए मेन्गुयेल्ले** है जिसका अर्थ है मां के प्यार की चाहत। यह उपन्यास अंग्रेजी भाषा में अनूदित हो चुका है। उनका 2000 ई. में प्रकाशित एक उपन्यास **केडियथो केपियू** प्री-यूनिवर्सिटी में पढ़ाया जाता है। उनकी महत्त्वाकांक्षा नागालैंड की **टेनीडे** भाषा की प्रथम उपन्यास लेखिका बनने की है। कोहिमा स्थित उरा अकादमी की **टेनीडे** भाषा में प्रकाशित मासिक पत्रिका **उरा दूजे** में उनकी 59 कविताएं प्रकाशित हो चुकी हैं। इस अकादमी द्वारा प्रकाशित पुस्तक **तेन्यिामिआ म्हफ्रू** जो कॉलेज के पाठ्यक्रम में शामिल है, में उनकी 18 कविताएं सम्मिलित की गई हैं। वे अपनी सारी पुस्तकों को अंग्रेजी भाषा में अनूदित करने की योजना भी बना रही हैं।

प्रकाशित कृतियां

अ नेई केथो ज़ो भाग-II (उपन्यास)–2004, **अ नेई केथो ज़ो भाग**-I (उपन्यास)–2003, **जिहोवा एन खिए-उपन्यास** (अंग्रेजी से टेनीडे भाषा में अनूदित)–2003, **टिए वी सीलेते** (उपन्यास)–2002, **किजू नू सू टिएते** (उपन्यास)–2000, **केडियथो केपियू** (उपन्यास, स्नातक कला की पाठ्यपुस्तक)–2000, **एजो केखिए मेन्गुयेल्ले** (उपन्यास)–1999।

संपर्क

केख्रिएवोयू योमे
ग्राम : एल. खेल कोहिमा
पो. बा. सं. : 392,
जिला : कोहिमा, पिन : 797001 (नागालैंड)
दूरभाष : 0370-2270515

त्रिपुरा

कोकबोरोक भाषा

चंद्रकान्ता मुरासिंह

परिचय

चंद्रकान्ता मुरासिंह का जन्म त्रिपुरा राज्य के तविवंडल में 1 अप्रैल, 1957 को हुआ। उनके पिता श्यामपदा मुरासिंह और माता लक्ष्मी देवी हैं। चंद्रकांता मुरासिंह संप्रति बैंकिंग सेवा से संबद्ध हैं।

अवदान

चंद्रकान्ता मुरा सिंह त्रिपुरा के प्रतिष्ठित कवि हैं। उनकी छह कविता संग्रह प्रकाशित हो चुकी हैं। इसके अतिरिक्त उनकी चुनिन्दा कविताओं के अनुवाद का एक संग्रह भी प्रकाशित हुआ है।

सर्जनात्मक लेखन के अतिरिक्त वे कई साहित्यिक एवं सांस्कृतिक समाज तथा संस्थाओं में विभिन्न पदों पर आसीन हैं यथा सचिव, कोक बोरोक साहित्य अकादमी(एन जी ओ), अगरतला, सदस्य, गवर्निंग बाडी, ई. जेड.सी.सी., कोलकाता, सदस्य, त्रिपुरा स्टेट कला अकादमी, सदस्य, त्रिपुरा कल्चरल एडवाइजरी बोर्ड, त्रिपुरा सरकार, सदस्य, ट्राइबल कल्चरल रिसर्च इंस्टीट्यूट, त्रिपुरा सरकार।

उन्हें **साहित्य अकादेमी भाषा सम्मान पुरस्कार** (1996) भी प्राप्त हो चुका है। काव्य साहित्य में उत्कृष्ट योगदान के लिए उन्हें दो राज्य स्तर के पुरस्कार **महेन्द्र देब बर्मा मेमोरियल अवार्ड** 1996 तथा **रविन्द्र स्मृति पुरस्कार** (2001) मिल चुके हैं।

प्रकाशित कृतियां

लोक चेथुवांङ लोक (उठो चेथुवांङ पेड़ !)—1999, **होलोंग कोक साओ बोलोंग बिसिंगो (जंगल में पत्थर बोला)**—1995, **हापिंग गरिंगी चिबुकसा रिंगो (सूने तोंग घर में चीता दस्तक देता है)**—1987, **पिन्डी वल्वी पिन (बिखेरो बारिश को), रुफयनी बुडुक अनी नोगो (मेरे कमरे में चांदी की रस्सी), देंग देंग बचागवरा, सेलेक्ट पोएम्स** (अनुदित)।

संग्रह

बोलोंग कॉखांग फेहलखा बकारंग (चला हरा जंगल), **कोलोम्तवी किसी मखान** (पसीना-पसीना चेहरा)

संपर्क

न्यू मॉडल विलेज,
पो. : अभयनगर : 799005,
जिला : त्रिपुरा (प.)
फोन : 0381. 231.1177 (घर), 2226502 (कार्या.)
ईमेल : murasingh@rediffmail.com

बिमल देब बर्मा

परिचय

बिमल देब बर्मा का जन्म त्रिपुरा के अम्पुरा गांव में 8 जनवरी, 1971 को हुआ था। ये त्रिपुरा जनजाति के सदस्य हैं। जब वह पहली कक्षा में थे तब उन्होंने चीनी मिट्टी से राम की एक प्रतिमा बनाई थी। ये दुर्गा व काली की प्रतिमाएं बनाने में निष्णात हो गये। वे अच्छे नर्तक भी समझे जाते थे एवं मुंडा छड़ी नृत्य व अन्य कबीलाई नृत्य जैसे गारिया नृत्य अच्छा किया करते थे।

शिक्षा

बर्मा ने माध्यमिक स्तर तक की शिक्षा ग्रहण की। उन्होंने पहली से पांचवीं कक्षा तक शिक्षा (1977-1987) फुलगामा चौधरी जूनियर बेसिक स्कूल और छठी से दसवीं (1985 से 1991) आमपुरा हाईस्कूल से किया। माध्यमिक परीक्षा 1991 में छेबरी हायर सैकेन्डरी स्कूल से की।

अवदान

ये एक कवि, उपन्यासकार, कथाकार, नाटककार, गायक, गीतकार व फिल्म निर्माणकर्ता हैं। ये मुख्यतया कोकबोरोक भाषा में लिखते हैं और उनके लेखन का विषय जनजातीय संस्कृति है। वे बांग्ला लिपि का प्रयोग करते हैं। इनकी सभी पुस्तकें कोकब्रोक साहित्य सम्सद, अगरतला, त्रिपुरा द्वारा प्रकाशित हुईं।

उन्होंने **संदोक चिल्पी बोडाल** (जनजातीय सांस्कृतिक समाज) नामक एक संस्था बनाई है जो **झूम** नृत्य, **गोरिमा** नृत्य और लोकनृत्य पर आधारित नाटक मंचित करती है।

बिमल देव बर्मा ने **सयन्दा सोवारी** फिल्म का निर्देशन भी किया। (**सयन्दा** आदिवासियों का वाद्ययंत्र है तथा सोवारी का अर्थ शिष्य है।) कोकब्रोक भाषा में एक फिल्म जिसका नाम **लामा दुवारी** है का निर्देशन भी इन्होंने किया जो 18 अप्रैल, 2003 को रिलीज़ हुई।

इन्होंने निम्नलिखित पुरस्कार डायरेक्ट्रेट ऑफ आई.जी.ए.टी. अगरतला, गांधीघाट, त्रिपुरा से प्राप्त किए, यथा—**चन्द्रकांता मुरा सिंग, रविन्द्र किशोर देव बर्मा, सुधयन**

त्रिपुरा, सुनील देव बर्मा, नंद कुमार देव बर्मा, बिकासराय देव बर्मा, हरिपाद्र्या देव बर्मा, कुंजबिहारी देव बर्मा, गीटो रिंग, हेमन्त कुमार जमातिया, नाखुरी जमातिया, शामलाल देव बर्मा, नगेन्द्र जमातिया।

प्रकाशित कृतियां

मुथुनि सल–2001, खुछुक हाछीकम –2001, सिंगसोंग–2000, तवीशा लामजार–1998, शाचालंग जोरानी इमांगनी कुम्पुई–1995, जानी माया–1993, खेपाल काथामा–1990, मुथुनि सल, कछक हाछीकम, साचो लंग झरानी खोमपोई, मुथुनि सल. मुताम लुंगमाकु–1991।

संपर्क

बिमल देब बर्मा,
अमपुरा,
भारत सरदारपर, पश्चिमी जिला
त्रिपुरा : 799207
फोन नं : 3825-224247

बिनय देबबर्मा

परिचय

बिनय देबबर्मा का जन्म पश्चिमी त्रिपुरा में हुरुनिया चोकदिरी कमू में 27 जनवरी, 1963 को एक किसान परिवार में हुआ। उनके पिता स्व. गोनाधन देबबर्मा बोरा (त्रिपुरी) समुदाय के थे। उनकी माता स्व. सजनी देबबर्मा थीं।

शिक्षा

बिनय देबबर्मा ने स्नातक तक शिक्षा ग्रहण की है।

अवदान

बिनय देबबर्मा ने कविताएं, कहानियां तथा आलोचनाएं लिखी हैं। इसके अतिरिक्त कुछ साहित्यिक पत्रिकाओं का उन्होंने संपादन भी किया है। कविताएं, कहानियां तथा आलोचना लिखने के अतिरिक्त उन्होंने **त्रिपुरा का इतिहास** तथा कोकब्रोक भाषा का व्याकरण भी लिखा और एक **कोकब्रोक-अंग्रेजी-बांग्ला शब्दकोश** का संकलन भी किया है। उन्होंने प्राथमिक शिक्षा के लिए पाठ्य-पुस्तकें भी लिखी हैं।

प्रकाशित कृतियां

एंगलो-कोकब्रोक-बंगाली शब्दकोश—2002, **यमरोक्षा** (कोकब्रोक फोकटेल)—2002, **कनसाइज कोकब्रोक-इंग्लिश-बंगाली शब्दकोश** (लेंग्वेज सेल एजुकेशन डिपार्टमेंट)—2001, **तविपरा बीसी एंड बोरोक जती** (एबाउट त्रिपुरा एरा एंड पीपल)—1999, 1409 **त्रिंग** (एबाउट त्रिपुरा एरा)—1999, **सोनेट कोकतंग्रोक** (सोनेट कविताएं)—1998, **फुमुकमुंग** (कोकब्रो चाइडल्स)—1994, **कोकबोरोकनी रंगचक-रिचक** (द ओरनामेंटल टर्मस ऑफ कोकबोरोक)—1994, **कोकबोरोक कोकमा** (कोकबोरोक व्याकरण)—1994।

संपर्क

बिनय देबबर्मा
उजन अभय नगर
मॉडल स्कूल के निकट, अगरतला-799005 (त्रिपुरा)
दूरभाष : 0381-2346079/2347235

मिलन रानी जनातिया

परिचय

मिलन रानी जनातिया का जन्म 5 जून, 1976 को मेघालय में हुआ। वे जनातिया जाति की सदस्य हैं। वे शोधकर्ता के रूप में (जूनियर रिसर्च फेलो) नार्थ ईस्ट हिल यूनिवर्सिटी, मेघालय में कार्यरत हैं।

शिक्षा

जनातिया स्नातक हैं।

अवदान

जनातिया कोकब्रोक और हिन्दी भाषा में लघुकथा और कविताएं और कहानियां लिखती हैं।

संपर्क

मिलन रानी जनातिया
शिलांग, पोस्ट : परमानेंट, नेहू केम्पस
ईस्ट खासी हिल डिस्ट्रिक्ट
मेघालय : 793022
दूरभाष : 551747 (बिलगिटो होस्टल, नेहू)

नंद कुमार देबबर्मा

परिचय

नंद कुमार देबबर्मा का जन्म 11 दिसंबर, 1959 को त्रिपुरा में हुआ। आजकल वे त्रिपुरा विधान परिषद् के सदस्य हैं।

शिक्षा

नंद कुमार देबबर्मा की शिक्षा उनके अपने गांव में तथा एम.बी.बी. कालेज अगरतला में हुई।

अवदान

देबबर्मा कोक-बोरोक तथा बांग्ला दोनों में लिखते हैं। वे लेखक, कंपोजर तथा नाटक-निदेशक भी हैं। उन्होंने कोक-बोरोक भाषा में कई पुस्तकें और नाटक लिखे हैं। अब तक उनकी तेरह पुस्तकें प्रकाशित हुई हैं। वे एक नाटककार हैं और ऑल इंडिया रेडियो तथा दूरदर्शन के अतिरिक्त अन्य स्थानों में नाटकों में अभिनय किया है तथा संगीत कार्यक्रम प्रस्तुत किए हैं। राष्ट्रीय तथा अंतर्राष्ट्रीय स्तर के साहित्यिक तथा सांस्कृतिक समारोहों में अपनी कविताओं का पाठ भी किया है।

दूरदर्शन पर कई नाटकों का निर्देशन करने के अतिरिक्त उन्होंने कई क्षेत्रीय तथा राष्ट्रीय स्तर पर आयोजित सांस्कृतिक त्योहारों में उन्होंने त्रिपुरा का प्रतिनिधित्व भी किया है।

वे आकाशवाणी ऑडीशन बोर्ड में जज हैं तथा ऑल इंडिया रेडियो पर पब्लिक म्युज़िक सिखाने के कार्यक्रम का संचालन भी करते हैं।

उन्हें एकलव्य साहित्य, द इंटरनेशनल गीता सोसायटी तथा त्रिपुरा ट्राइबल एरियाज़ ऑटोनोमस डिस्ट्रिक्ट काउंसिल द्वारा पुरस्कृत किया जा चुका है। इसके अलावा नाटकों के लिए महेन्द्र स्मृति पुरस्कार तथा रबीन्द्र पुरस्कार भी मिला है।

प्रकाशित कृतियां

कोकबोरोक कविता

सिमाङ् साकाओ होलोङी खुम (बर नियाल में पत्थर के फूल), **बोलोङी वसागुरसांग**

म्वसाओ (जंगली लड़की का नृत्य), **अनि गनाओ अंग** (मेरे पीछे मेरे), **डगमालिनो** (एक फूल को)।

बंगाली कविता

आलो, साबोओ, पदातिक, सखारने नबाना, एकदा मुखेगिता आरान्ये, बने बदारे, ठिकाने किरात भूमि।

कोकबोरोक उपन्यास

रंग (नाव)।

कोकबोरोक नाटक

कोकिसा किकटाङ है, मारी, ह्माल स्वबैना इमांग, इमांगनि ब्वसांक, सिखोक, रॉनज्जिवकमा, बोलोगनि मुख रवि स्वराल, रिग सुनाम, कोकतन खिताय बाय, नुआई, कवपवलै, सुइही बखौक्स्वक, दुर्ग, डोगर, लंगलोर में वकोवजा, स्वकागु चोवा कोटार, चोबार खाराङ्, लौगतानि कोचुजुक।

कोकबोरोक में अनुवाद

गीता, महाभारता फॉर चिल्ड्रेन, बरतिया रोइनेर कथा (ए. सरकार की कविताएं)।

संपर्क

नंद कुमार देबबर्मा
त्रिपुरा विधानसभा
पो. : अगरतला : 799001
दूरभाष : 0381-2321982 (घर)
(मो.) : 09436124454

सुनील देबबर्मा

परिचय

सुनील देबबर्मा का जन्म 5 जनवरी, 1958 को पश्चिमी त्रिपुरा के विशालगढ़ स्थित हरमा गांव में हुआ। उनके पिता का नाम स्व. जतीन्द्र देबबर्मा तथा माता का नाम स्व. जशोदा देबबर्मा था।

शिक्षा

हायर सेकंडरी

अवदान

सुनील देबबर्मा का बहुआयामी साहित्यिक व्यक्तित्व है। वे कहानियां, कविताएं तथा उपन्यास लिखते हैं। इसके अतिरिक्त उन्होंने कुछ पुस्तकों का संपादन भी किया है। बांग्ला कोकबोरोक एवं अंग्रेजी का त्रिभाषी शब्दकोष भी उन्होंने तैयार किया है। **सलिल कृष्ण देबबर्मा स्मृति सम्मान से उन्हें वर्ष** 2001 में सम्मानित किया गया। सुनील संप्रति एक जनजातीय सांस्कृतिक एवं साहित्यिक संगठन कोकबोरोक साहित्य संसद के सचिव हैं।

प्रकाशित कृतियां

काव्य

रिसा–2000

कहानी

बोलोंग्नी खुप–1996, **बुसु**–1999

उपन्यास

बांग्मनी रूकुंगो–2001

शब्दकोष

त्रिभाषा शब्दमाला–2001

संपादन

जोरा, खुमनुलौंग

सह-संपादन

अंजी

संपर्क

ईस्ट न्यू पल्ली, कृष्णनगर
अगरतल्ला,
त्रिपुरा पश्चिम

बोधराय देबबर्मा

परिचय

बोधराय देबबर्मा का जन्म 20 दिसंबर, 1956 को त्रिपुरा के चारघड़िया, मेन्डुई में हुआ। स्व. दयाल चन्द्र देबबर्मा उनके पिता थे। बोधराय देवबर्मा स्वयं शिक्षक हैं। वे सक्रिय सामाजिक कार्यकर्ता रहे हैं और त्रिपुरा विधानसभा में मार्क्सवादी कम्युनिस्ट पार्टी के विधायक भी रह चुके हैं।

शिक्षा

एम.ए., बी.एड.

अवदान

बोधराय कवि तथा गद्य लेखक हैं। सामाजिक कार्यों से सक्रिय रूप से जुड़े होने के कारण वे अपने लेखों में कोकबोरोक समाज की समस्याओं को मुख्यतः उठाते रहे हैं। उनके दो काव्य संकलन प्रकाशित हुए हैं। वर्ष 2003 के लिए उन्हें **सुधन्वा देबबर्मा पुरस्कार** से सम्मानित किया गया।

प्रकाशित कृतियां

कोलोम्तबी (काव्य), **साल मनवा सकंग** (काव्य)।

संपर्क

कुंजबेन टाउनशिप क्वार्टर कम्पलेक्स
टाइप-II/83 पो. : कुंजबेन
अगरतल्ला
दूरभाष : 0381-2350481

रबीन्द्र किशोर देबबर्मा

परिचय

रबीन्द्र किशोर देबबर्मा का जन्म 15 सितंबर 1954 को त्रिपुरा के कंबुकछरा ग्राम में हुआ। उनके पिता स्व. कृष्ण देबबर्मा एक किसान थे। रबीन्द्र देबबर्मा पेशे से शिक्षक हैं। वे टीटीएएडीसी के 1985 से 1990 तक कार्यपालक सदस्य (स्वास्थ्य) भी रहे।

शिक्षा

बी.ए.

अवदान

रबीन्द्र किशोर कविताएं, कहानियां, निबंध आदि लिखते हैं। उन्होंने कालिदास रचित मेघदूत का कोकबोराक भाषा में अनुवाद भी किया है। इसके अतिरिक्त कोकबोरोक लिपि से संबद्ध विवादों को लेकर एक पुस्तक का संपादन भी किया है। कोकबोरोक साहित्य में उत्कृष्ट योगदान के लिए उन्हें राज्य का उत्कृष्टतम पुरस्कार **रवीन्द्र पुरस्कार** वर्ष 2003 के लिए दिया गया। उन्हें कथा लेखन के लिए प्रतिष्ठित **सलिल कृष्ण स्मृति पुरस्कार** भी प्राप्त हो चुका है।

प्रकाशित कृतियां

हचुकनी मुक्तैइ (पहाड़ियों के आंसू)–2002, **करेंग कोहोमा** (लोक कथाएं)–2002।

अनुवाद

मेघदूत (बांग्ला से कोकबोरोक)–1982

अन्य

कोकबोरोक वाक्य टिपरा (लोक जीवन)–2000

संपादित पुस्तकें

कोकबोरोक लिपि बितर्क–2005

संपर्क

ठाकुर पल्ली रोड, (टी आर टी सी आफिस के निकट)
कृष्णा नगर, अगरतल्ला, वैस्ट त्रिपुरा
दूरभाष : 0381-2314432

सबिता देबबर्मा

परिचय

सबिता देबबर्मा का जन्म 1 जनवरी, 1972 को हुआ। उनके पिता का नाम ललित मोहन देबबर्मा तथा माता का नाम राजमाला देबबर्मा है। वे एक सरकारी स्कूल में अध्यापन करती हैं।

शिक्षा

बी.ए.

अवदान

सबिता देबबर्मा अपनी मातृभाषा कोक बोरोक के अतिरिक्त बांग्ला में भी कविता लिखती हैं। नर्सरी गीतों की एक पुस्तक तथा कविताओं का एक संग्रह उन्होंने संकलित किया है। आल इंडिया रेडियो, अगरतल्ला पर कविता पाठ के कार्यक्रमों में तथा अन्य कवि सम्मेलनों तथा सेमिनारों में वे भाग लेती रही हैं।

प्रकाशित कृतियां

कर्डेग-कडंग-कार्डोग–(नर्सरी गीतों की पुस्तक)।

संपर्क

वर्तमान

क्वार्टर नं. 11/58
श्यामली बाजार, कुंजबेन
अगरतल्ला, त्रिपुरा पश्चिम
दूरभाष : 0381-2350320

स्थायी संपर्क

छाटो सूरमा, कमालपुर,
धलाय, त्रिपुरा।

सेफाली देबबर्मा

परिचय

सेफाली देबबर्मा का जन्म 2 मार्च, 1964 को पश्चिमी त्रिपुरा के पट्टाबिल गांव में हुआ। गृहिणी होने के बावजूद वे सामाजिक कार्यों में सक्रिय हैं। इसमें उनके पति कुसुम देबबर्मा, जो शिक्षक हैं, भी उनकी काफी सहायता करते हैं।

शिक्षा

घर में शिक्षा प्राप्त (स्कूल नहीं नहीं गई)

अवदान एवं पुरस्कार

सेफाली देबबर्मा एक प्रतिष्ठित कोकबोरोक कवयित्री हैं। उनकी दो काव्य पुस्तकें प्रकाशित हुई हैं। कोकबोरोक काव्य साहित्य में उनके अवदान के लिए उन्हें **सलिल कृष्ण स्मृति पुरस्कार वर्ष** २००४ दिया गया। बांग्लादेश जातीय कविता परिषद के निमंत्रण पर 2004 ई. में ढाका में संपन्न बांग्लादेश जातीय कविता उत्सव में भी उन्होंने भाग लिया।

प्रकाशित कृतियां

होर डिपोरो रौचाप वांग (अर्धरात्रि का गीत), **एमांगी यखराय निनांग्गो** (स्वपन-पुल में हलचल)।

संपर्क

न्यू मॉडल विलेज
(सचिन देबबर्मा सेतु के निकट)
पो. अभयनगर (अगरतल्ला)
पिन कोड : 799005

श्यामलाल देबबर्मा

परिचय

श्यामलाल देबबर्मा का जन्म 2 नवंबर, 1951 को पश्चिम त्रिपुरा के विशालगढ़ सबडिवीजन स्थित रंगमाला ग्राम में हुआ। उनके पिता का नाम स्व. रमानी देबबर्मा तथा माता का नाम व्रतकन्या देबबर्मा है।

शिक्षा

त्रिपुरा विश्वविद्यालय राजनीति विज्ञान में स्नातक हैं।

अवदान

श्यामलाल साहित्य की लगभग प्रत्येक विद्या यथा काव्य, नाटक, कहानी, उपन्यास, निबंध आदि, में लिखते हैं। कोकबोरोक के अधिकांश महत्वपूर्ण पत्र-पत्रिकाओं में उनके आलेख प्रकाशित होते हैं। उनके दो कथा-संग्रह, दो कविता संकलन, तीन एकांकी, दो उपन्यास तथा शिशु-गीतों के तीन संग्रह प्रकाशित हुए। त्रिपुरा सरकार द्वारा प्रकाशित एक साप्ताहिक समाचार पत्र 'त्रिपुरा कागटून' का लगभग 17 वर्षों तक उन्होंने संपादन किया। उन्होंने कुछ अनुवाद कार्य भी किया है। उन्हें वर्ष 1998 के सलिल कृष्ण देबबर्मा पुरस्कार तथा 2002 के रवीन्द्र पुरस्कार से सम्मानित किया गया। त्रिपुरा के प्रतिष्ठित कवि होने के नाते त्रिपुरा सरकार तथा त्रिपुरा जनजाती क्षेत्र स्वायत्त जिला परिषद द्वारा आयोजित काव्य गोष्ठियों में श्यामलाल देबबर्मा की उपस्थिति लगभग निश्चित रूप से देखी जा सकती है।

अपनी मातृभाषा कोकबोरोक में लेखन कार्य के अतिरिक्त वे कई सांस्कृतिक संगठनों से विभिन्न हैसियत से जुड़े रहे हैं यथा सदस्य, ईस्ट जोन कल्चरल सेंटर, सदस्य नार्थ-ईस्ट जोन कल्चरल सेंटर, अध्यक्ष, कोकबोरोक साहित्य संसद, संयुक्त सचिव, त्रिपुरा समन्वय केंद्र कार्यपालक समिति, सदस्य त्रिपुरा स्टेट कला अकादमी, सदस्य, रिसर्च एडवाइजरी बोर्ड, त्रिपुरा सरकार, सदस्य, कल्चरल एडवाइजरी कमिटी, त्रिपुरा सरकार।

प्रकाशित कृतियां

काव्य संग्रह

काकथाय रोग थ्वंगो बोनबोनिया

कथा संग्रह

डुन्डुरकमा, चोबा कैसानी उलो।

उपन्यास

खोंग, टोंगथाय नयटुगुई

स्नेहमय राय चौधुरी

परिचय

स्नेहमय राय चौधुरी पश्चिम त्रिपुरा के अगरतल्ला में 5 जनवरी, 1961 को पैदा हुए। उनके पिता स्व. दुर्गागति राय चौधुरी थे तथा माता स्व. पारूल राय चौधुरी थी।

शिक्षा

बी.ए.

अवदान

स्नेहमय राय चौधुरी एक ख्यातिलब्ध कवि, निबंधकार तथा कहानीकार हैं। उनके 5 कथा संग्रह तथा दो काव्य संग्रह भी प्रकाशित हो चुके हैं। उन्होंने कुछ पुस्तकों का संकलन भी किया है। उनके आलेख कई कोकबोरोक पत्र-पत्रिकाओं में छपे हैं। सेकंडरी तथा हायर सेकंडरी स्तर की राजकीय पाठ्य पुस्तकों में भी उनकी रचनाएं शामिल की गई हैं। राज्य के अंदर तथा बाहर आयोजित होने वाले कवि सम्मेलनों में वे नियमित रूप से सम्मिलित होते हैं। कोकबोरोक साहित्य में उनके उत्कृष्ट योगदान के लिए उन्हें वर्ष 1999 का प्रतिष्ठित **सलिल कृष्ण देबबर्मन मेमोरियल सम्मान** प्रदान किया गया।

साहित्य के अलावा स्नेहमय राय चौधुरी सांस्कृतिक क्षेत्र में भी सक्रिय रूप से भाग लेते रहे हैं। संप्रति वे त्रिपुरा के जनजातीय संस्कृति तथा साहित्यिक कार्य से जुड़े अग्रणी संगठन कोकबोरोक साहित्य परिषद के कार्यपालक सदस्य (कोषाध्यक्ष) हैं।

प्रकाशित कृतियां

कविता संग्रह

मिनी इमांगनी हाओ—2001, **खौरांगजक हुक**—1998

कहानी संग्रह

तांगथाकनी इमांग–2004, **छेथुआंग तालाओ**–2000, **मजिलातानी बौलौङ**–1999, **बियाल**–1997, **मकल बौसकंगा**–1993

संकलन कार्य

कुबूयनी अचय गांधीजी, अंजी

संपर्क

अरूंधतिनगर, रोड सं. : 9
पो. : ए. डी. नगर,
अगरतल्ला, त्रिपुरा वैस्ट
दूरभाष : 0381-2371549

सिक्किम के लेखक जो पश्चिम बंगाल में रहते हैं

लेपचा एवं नेपाली भाषा

ल्यांगसोंग तामसंग

परिचय

ल्यांग सोङ तामसंङ का जन्म 21 मार्च, 1946 को दार्जिलिंग में कालिपोंग स्थित बॉम बस्ती में हुआ। वे मशहूर लेपचा विचारक, विद्वान, लेखक तथा भाषाविद के.पी. तासंङ के ज्येष्ठ पुत्र हैं। ल्यांग सोंग तामसंग के दो पुत्र हैं। वे आल इंडिया रेडियो, कुर्सियोंग की एडवाइजरी कमेटी बोर्ड के सदस्य हैं। वे इन्डिजिनस लेपचा ट्राइबल एसोसिएशन के महासचिव भी हैं। वे लेपचा भाषा, साहित्य तथा सांस्कृतिक, धरोहर की सुरक्षा, संरक्षण निर्वहन तथा विकास के कार्यों से जुड़े हुए हैं। पश्चिमी बंगाल के लेपचा ल्यांग सोंग के नेतृत्व में राज्य के दार्जिलिंग जिले के स्कूलों तथा कालेजों में लेपचा भाषा की पढ़ाई की मांग कर रहे हैं। सिक्किम में 1975 से ही यह प्रबंध लागू कर दिया गया था, पर पश्चिम बंगाल में अभी तक इसकी उपेक्षा ही हुई है।

शिक्षा

ल्यांग सोंग की आरंभिक शिक्षा कुमदिनी होम्स कालिपोंग में हुई।

अवदान

ल्यांग सोंग तामसंग ने कई पत्रिकाओं तथा पुस्तकों का संपादन किया है। इस संबंध में उनके द्वारा संपादित **आछुले** नामक द्विभाषी त्रैमासिक लेपचा पत्रिका तथा **किंग गयबू अच्योक** नामक वार्षिक द्विभाषी लेपचा पत्रिका उल्लेखनीय हैं। उन्होंने दार्जिलिंग जिले के दूर दराज़ में गांवों में रात को चलने वाले तीस लेपचा स्कूल खोले हैं इन स्कूलों में आदिवासी बच्चों को लेपचा भाषा तथा संस्कृति की शिक्षा दी जाती है। उन्होंने **के.पी. तामसंग लेपचा लैंग्विज एंड लिटरेरी अवार्ड** की भी स्थापना की है। यह पुरस्कार लेपचा भाषा एवं संस्कृति के निर्वहन तथा विकास की दिशा में कार्य में संलग्न व्यक्ति अथवा संस्था, चाहे वह किसी भी जाति, धर्म या राष्ट्रीयता से संबद्ध हो, दिया जाता है।

लेपचा भाषा एवं संस्कृति के निर्वहन एवं संरक्षण के क्षेत्र में ल्यांग सोंग के अवदान के लिए उन्हें **लोक भाषा सम्मान** (गांधी हिंदुस्तानी साहित्य सभा), 2001

और **वीर बिरसा मुंडा नेशनल अवार्ड** (अखिल भारतीय आदिवासी विकास परिषद), 2003 प्रदान किया गया।

प्रकाशित कृतियां

ट्राइबल्स एंड दियर एडुकेशन (गांधी हिंदुस्तानी साहित्य सभा, दिल्ली), **अ कलेक्शन ऑफ टेल्स अबाउट द सिक्किम एंड नेपाल हिमालयाज।**

सम्पर्क

ल्यांग सोंग तामसंग
लेपचा बॉय हॉस्टल, लोअर बोमबस्ती,
कलिपोंग : 734301

आर.पी. लामा

परिचय

आर.पी. लामा का जन्म 12 मार्च, 1931 को दार्जिलिंग जिले के पंखाबारी क्षेत्र में चिलोनेधुरा नामक स्थान में हुआ। उनके पिता का नाम राजमन लामा तथा माता का नाम चारीमाया लामा था। आर. पी. लामा 30 वर्षों तक पश्चिमी बंगाल की राजकीय सेवा में रहे। 1953 से 1958 तक उन्होंने कृषि विभाग में काम किया जिसके दौरान उन्होंने **खेतीपाती** नामक कृषि मासिकी का सम्पादन किया। 1958 में उनका स्थानान्तरण सूचना एवं सांस्कृतिक मामलों के विभाग में हो गया। इस विभाग में 1989 तक सबडिवीजनल पब्लिसिटी ऑफिसर तथा हिल कल्चरल यूनिट के प्रभारी अधिकारी का दायित्व संभाला। पश्चिमी बंगाल सरकार की ओर से नेपाल तथा दिल्ली एवं अन्य भारतीय राज्यों को भेजे गए नेपाली सांस्कृतिक शिष्ट मंडल का नेतृत्व भी उन्होंने किया।

शिक्षा

आर.पी. लामा की प्राथमिक शिक्षा उनके जन्म स्थान पंखाबारी में स्थित लौंगव्यू टी.ई. प्राइमरी स्कूल में हुई। 1950 में पुष्पा रानी बॉयज हाई स्कूल, कुर्सीयोंग से उन्होंने मैट्रिक परीक्षा पास की। बी.ए. उन्होंने संत जोसेफ कॉलेज दार्जिलिंग से किया और अन्ततः नार्थ बंगाल यूनिवर्सिटी सिलीगुड़ी, दार्जिलिंग से उन्होंने एम. ए. किया।

अवदान

आर.पी. लामा आधुनिक समय के नेपाली साहित्य के सबसे मुखर प्रवक्ता रहे हैं। निबन्धकार, कवि, कहानी लेखक, जीवनीकार, नाटककार, लोकसाहित्यकार और सम्पादक की विविध भूमिका में लामा ने नेपाली साहित्य और संस्कृति पर व्यापक रूप से लेखन किया। इसके अतिरिक्त वे कई साहित्यिक एवं सामाजिक संगठनों तथा संस्थाओं में विभिन्न पदों पर कार्यरत रहे हैं यथा—महासचिव नेपाली साहित्य सम्मेलन दार्जिलिंग, अध्यक्ष नेपाली साहित्य सम्मेलन दार्जिलिंग, आयोजक, इंडियन नेशनल ट्रस्ट फॉर आर्ट एंड कल्चरल हेरिटेज, सदस्य नेपाली एडवाइजरी बोर्ड

साहित्य अकादेमी, आयोजक लैंग्वेज एडवाइजरी कमेटी फॉर नेपाली, भारतीय ज्ञानपीठ, सदस्य, विशेषज्ञ पैनल, संघ लोक सेवा आयोग, सदस्य इंडियन रेड क्रॉस सोसायटी, सदस्य इंडो मंगोलियन फ्रेंडशीप सोसायटी मुम्बई, सदस्य हिमाली लेखक मंच गंगटोक, निदेशक नेशनल वर्क शॉप फॉर नेपाली साहित्य अकादमी (1991) आदि। उन्होंने कई सेमिनारों, सम्मेलनों तथा साहित्यिक परियोजनाओं आदि में भी भाग लिया है। जिनमें से निम्नलिखित उल्लेखनीय हैं–"भारत नेपाल लेखक सम्मेलन नई दिल्ली जनवरी 20, 21, संस्कृति, शिक्षा एवं पारिस्थितिकी पर अन्तर्राष्ट्रीय सम्मेलन नई दिल्ली 13 से 16 अक्टूबर 1995, राष्ट्रीय साहित्यिक परियोजना 'निट इंडिया थ्रू लिटरेचर' आदि। भारत सरकार के मानव संसाधन विकास मंत्रालय के संस्कृति विभाग द्वारा के तत्वावधान में दार्जिलिंग जिले के आदिवासी तथा उनके त्योहारों का अध्ययन विषय पर कार्य कर रहे हैं। इसके अतिरिक्त भारत तथा नेपाल में हुए अनुवाद कार्य की टीका सहित ग्रन्थ सूची भी तैयार कर रहे हैं।

लामा को जनगणना कार्य के संचालन में उत्कृष्ट कार्य के लिए 1961 में राष्ट्रपति द्वारा रजत पदक एवं प्रशस्ति पत्र प्रदान किया गया। उन्हें पहाड़ी लोक संस्कृति से सम्बद्ध निबन्ध संग्रह **इन्द्र धनुष** के लिए **साहित्य अकादमी** अवार्ड भी दिया गया।

प्रकाशित कृतियां

स्मृतिमा (कविता, निबन्ध एवं कहानियों का संकलन)–1971, **हामरो पंचायत** (पंचायती राज पर नाटक)–1972, **रेडियो वार्ता हारू** (रेडियो वार्ता संग्रह)–1881, **नेपाली साहित्य सम्मेलन को स्वर्ण जयन्ती**–1982, **कीर्ति स्तम्भ** (भारत तथा विदेश के महत्त्वपूर्ण व्यक्तियों की जीवनी एवं कृतियां)–1987, **पुनर्मुद्रण**–1995, **प्रतिध्वनि** (युद्ध में गोरखाओं के वीरतापूर्ण कारनामों पर नाटक)–1989, **इन्द्रधनुष** (पहाड़ी संस्कृति से सम्बद्ध निबन्ध संग्रह), **साहित्य अकादमी रा नेपाली भाषा**–1995।

अनुवाद

बरसा दिनको चर (समकालीन भारतीय साहित्य हिन्दी अनुवाद साहित्य अकादमी द्वारा), **बरसा दिनको चर** ('मातृभूमि' के वार्षिक अंक की मलयालम में प्रस्तुति), **भारत का वीर बाला खारू** (नेपाली भाषा, नेशनल बुक ट्रस्ट) **नेपाल कथा सिहर कोष** (हिंदी)।

सम्पादित कृतियां

खेती-पाती (कृषि से सम्बन्धित मासिक पत्रिका), **देशभक्ति का गीत हरू** (दो संस्करण)–1965 तथा 1974, **स्मारिका** (दो खण्ड)–1967 और 1978, **दियालो** (नेपाली साहित्य सम्मेलन दार्जिलिंग द्वारा प्रकाशित साहित्यिक पत्रिका), **दलबहादुर गिरी स्मृति ग्रन्थ** (अंग्रेजी तथा नेपाली भाषा में)–1987, **पत्रिका दार्जिलिंग** (इंडियन नेशनल ट्रस्ट द्वारा आर्ट एंड कल्चरल हेरिटेज, दार्जिलिंग रिजनल चैप्टर–1990, **राहुल सांकृत्यायन शताब्दी सूवनियर**–1994, **भारतीय नेपाली साहित्य राष्ट्रीयता को संदर्भमा** (साहित्य अकादेमी)–1994।

सम्पर्क

आर.पी. लामा
विन्डसर लॉज, पम्फावती गुरुङ्नी रोड
हैप्पी वैली टी स्टेट
पोस्ट : दार्जिलिंग, (पश्चिमी बंगाल)